Waltraud Schinhofen

DOC 2 GO

Mentale Stärke: Gesundheit, Motivation und Leben

Impressum

Bibliografische Information der Deutschen Nationalbibliothek: Die Deutsche Nationalbibliothek verzeichnet diese Publikation in der Deutschen Nationalbibliografie; detaillierte bibliografische Daten sind im Internet über dnb.dnb.de abrufbar.

© 2022 Waltraud Schinhofen

Herstellung und Verlag: BoD – Books on Demand, Norderstedt.

ISBN: 9783756817917

Waltraud Schinhofen

DOC 2 GO

Mentale Stärke: Gesundheit, Motivation und Leben

Inhalt

Einleitung

Liebe Leser*Innen,

was für ein seltsamer Titel werden sicher einige von Ihnen denken. Bücher über Krankheiten und Hilfe zur Selbsthilfe gibt es doch wie Sand am Meer.

Dennoch sind Sie offensichtlich neugierig geworden und haben dieses Buch zur Hand genommen. Warum? Vielleicht sind Sie (schon länger?) erkrankt oder fühlen sich zumindest nicht „gesund" und haben bisher keinen Weg gefunden, sich wieder gesund zu fühlen. Möglicherweise haben Sie schon einige Ärzte, andere Heilkundige und den Apotheker Ihres Vertrauens aufgesucht. Vielleicht ist es auch mit deren Behandlung besser geworden, aber irgendwie fühlen Sie sich immer noch nicht richtig wohl. Vielleicht sind Sie schon seit Jahren (oder gar Jahrzehnten?) chronisch krank und fühlen sich irgendwie machtlos? Sie haben das unbestimmte Gefühl, Sie sind der Sache (Ihrer Erkrankung) hilflos ausgeliefert. Irgendwann kommt dann der Zeitpunkt, an dem Sie selbst etwas ändern und die Zügel für sich selbst in die eigenen Hände nehmen wollen. Dann gehen Sie voller Optimismus in den Buchhandel vor Ort oder stöbern im Internet und werden von einer riesigen Fülle an Ratgebern und Fachbüchern zu allen möglichen Themen rund um Gesundheit und Wohlbefinden regelrecht erschlagen. Sie haben aber weder Zeit, noch Geld, noch Lust, sich mit all diesen Themen auseinanderzusetzen und den für Sie passenden Weg zu finden. Viele resignieren an dieser Stelle und fügen sich dann in das Ihnen scheinbar von Gott oder von sonst wem gegebene Schicksal und machen weiter wie bisher.

Wozu also noch ein weiteres Buch? Und was soll an diesem Buch anders sein, als in den zig anderen Ratgebern? Wenn ich die anderen klugen Ratgeber schon nicht gelesen habe, warum sollte ich dann dieses Buch lesen? Ganz einfach: Ich möchte Sie nicht mit unglaublich viel Theorie und tiefem Fachwesen überfrachten, sondern mit auf eine kurze und hoffentlich spannende Reise zu mehr Gesundheit und Wohlbefinden nehmen. Ich möchte Ihnen gerne Dinge aufzeigen, die Sie so bisher nicht kannten, oder nicht in diesem Zusammenhang gesehen haben. Ich möchte Ihnen verschiedene Richtungen zeigen. Die Wege dazu müssen Sie allerdings selbst gehen.

Ich werde Ihnen Themenbereiche aufzeigen, auf die Sie im Zusammenhang mit Ihrer Erkrankung vielleicht nicht unbedingt gestoßen wären. Möglicherweise entdecken Sie das eine oder andere Thema für sich und bekommen dann Lust, sich mit diesem durch tiefergehende Literatur zu beschäftigen. Zunächst werden wir uns mit einigen Grundlagen beschäftigen, um eine Basis für ein gutes Verstehen der nachfolgenden Themen zu ermöglichen. Ich versuche es aber kurz und knackig zu halten. Versprochen! Die Grundlagen sind zum Verständnis der nachfolgenden Themen wichtig. Ich hoffe, Sie haben am Ende der Lektüre neue und spannende Dinge kennengelernt und vielleicht ein anders Verständnis von bereits bekannten Themen erhalten. Denn auch dies kann Dinge grundlegend ändern.

„Es ist die reinste Form des Wahnsinns, alles beim Alten zu lassen und gleichzeitig zu hoffen, dass sich etwas ändert." Albert Einstein

Dieser Ratgeber wird Sie hoffentlich dazu inspirieren, dies für sich selbst zu erkennen und Anlass für Veränderungen zu sein und damit in ein besseres Lebensgefühl mit mehr Gesundheit und Wohlbefinden zu kommen.

An dieser Stelle ein ganz wichtiger Hinweis: Krankheiten gehören IMMER in die Hände von erfahrenen Spezialisten. Ein Ratgeber, sei er auch noch so tiefgründig und klug, ersetzt niemals den Gang zum Arzt und eine vernünftige Diagnostik. Gerade eine sehr sorgfältige Diagnostik und die daran anschließende Behandlung ist für den weiteren Verlauf bei der Behandlung einer Erkrankung von außerordentlicher Bedeutung. Dennoch gibt es ein weites Feld an Dingen, die SIE selbst für sich auf dem Weg zu mehr Gesundheit tun können.

Und los geht es. Ich wette, Sie werden an der einen oder anderen Stelle ins Staunen kommen. So ist es mir zumindest ergangen, als ich mich selbst auf den Weg zu mehr Gesundheit und Wohlbefinden gemacht habe.

Ich wünsche Ihnen viel Freude und Staunen beim Lesen in der Hoffnung, dass Sie am Ende der Lektüre Ihren eigenen Arzt immer und jederzeit in die eigene Tasche stecken können, wenn Sie wissen, wie es geht. Ich möchte Sie ermuntern und begleiten, machtvoll zu werden.

Ein kleiner Hinweis noch, bevor wir gemeinsam losgehen: Ich habe mich in dieser Lektüre für die Verwendung der männlichen Form aufgrund der besseren Lesbarkeit entschieden. Selbstverständlich sind damit alle Menschen gemeint, egal welchem Geschlecht sie sich zugehörig fühlen.

Kapitel 1: Gesundheit

Na das ist doch klar, werden Sie sich denken. Warum soll ich mich denn jetzt mit Gesundheit beschäftigen, ich bin doch krank und möchte erfahren, wie ich aus der Erkrankung komme.

Aber um Krankheit zu verstehen und zu definieren, muss ich nach meinem Verständnis erst verstehen, was denn Krankheit und Gesundheit überhaupt sind. Zu Beginn der Recherche zu diesem Buch dachte ich auch erst, das ist doch ganz einfach. Ist es aber leider nicht.

Hier ein kleiner Exkurs zu diesem Thema: was ist überhaupt Gesundheit?

In der Satzung der Weltgesundheitsorganisation (WHO), (1963) wird Gesundheit definiert als: „ein Zustand vollständigen körperlichen, seelischen und sozialen Wohlbefindens und nicht nur das Freisein von Krankheit oder Gebrechen".

Sucht man zum Beispiel im Internet zum Begriff Gesundheit, wird beispielsweise laut Doc Flexicon (Stand 21.10.2021) ergänzend zur Definition der WHO aber auch ein „menschliches Grundrecht" hierauf aufgeführt. Das heißt, hier wird der Begriff Gesundheit schon weiter verstanden.

Dort heißt es: unter Weitere Definitionen

„Es existiert eine Vielzahl weiterer Definitionen mit pflegewissenschaftlichem, entwicklungspsychologischem oder philosophischem Hintergrund." Wie man also sehen kann, gibt es nicht die alleinige, allgemeingültige und vor allem einfache Definition des so alltäglichen Begriffes Gesundheit. Daher lohnt es sich, sich noch ein wenig genauer damit zu beschäftigen, wie ich finde.

Meine Kollegin, die ich hierzu befragte, antwortete ganz perplex und spontan: „Wenn ich keine Schmerzen habe, fühle ich mich gesund".

An dieser Stelle können Sie, liebe Leser, sich einmal die Frage stellen, wie Sie für sich Gesundheit definieren? Können Sie spontan antworten, oder müssen Sie erst überlegen?

Für mich selbst bedeutet Gesundheit, dass ich machen kann, was ich möchte und hierdurch nicht durch meine Erkrankungen und Einschränkungen behindert werde. Und das dieses Tun mir dann Freude, Befriedigung und ein Gefühl von Sinnhaftigkeit vermittelt.

Wie man sehen kann, sind diese drei Definitionen im Grunde etwas völlig anderes und dennoch irgendwie gleich. Gemeinsam haben sie aber, dass man erst für sich ein eigenes Verständnis von Gesundheit entwickeln sollte.

Erst wenn ich meine Definition von Gesundheit erkennen und beschreiben kann, kann ich irgendwann feststellen, ob ich mein persönliches Ziel auch tatsächlich erreicht habe, oder auf dem Weg dorthin bin. Meist fühle ich mich gesund und nein, im meist verstandenen Sinne von Gesundheit bin ich NICHT gesund. Können Sie den Unterschied erkennen? Jetzt werden Sie vielleicht denken: na gut, aber das ist doch nur Wortklauberei. Was soll denn das nun bewirken? Eine ganze Menge, kann ich Ihnen versichern. Sie werden es im Laufe der Lektüre erfahren.

Jemanden, dem ein Bein fehlt, der wird nie nach seinem Verständnis Gesundheit erlangen können, wenn sein Verständnis von Gesundheit ist, vollständige Gliedmaße zu haben. Unbestritten kann er jedoch durchaus ein

Leben frei von Schmerzen und im Zustand vollständigen körperlichen und seelischen Wohlbefindens, idealerweise auch in einer sozial guten Umgebung, führen. Damit hätte auch dieser Mensch den Zustand der Gesundheit in einem weiten Sinne erreicht, trotz fehlender Gliedmaßen.

Fazit: Gesundheit ist ein hohes Ziel, was es auf mehreren Ebenen des menschlichen Lebens zu erreichen gilt und grundsätzlich von jedem angestrebt werden kann.

Das ist insofern wichtig zu verstehen, dass Einschränkungen und Gebrechen es NICHT verhindern, sich „gesund" zu fühlen

Für mich hat es mein Verständnis weg von der Krankheit hin zur Gesundheit verändert. Warum dies so wichtig ist, dazu an anderer Stelle.

»Es sind nicht die äußeren Umstände, die das Leben verändern, sondern die inneren Veränderungen, die sich im Leben äußern.« *Wilma Thomalla, Deutsche Publizistin*

Kapitel 2: Krankheit

Was ist Krankheit?

Zitat: „Krankheit ist im engeren medizinischen Sinn Behandlungs- und/oder Pflegebedürftigkeit. Das deutsche Standardwerk der medizinischen Wörterbücher, der „Pschyrembel", definiert Krankheit als „Störung der Lebensvorgänge in Organen oder im gesamten Organismus mit der Folge von subjektiv empfundenen und/oder objektiv feststellbaren körperlichen, geistigen oder seelischen Veränderungen". Eine Abgrenzung wird vorgenommen zwischen Krankheiten in diesem Sinn und Befindlichkeitsstörungen ohne objektivierbare medizinische Ursache. Weit verbreitet ist eine Unterscheidung in körperlich-organische, psychosomatische und psychische Krankheiten. Krankheit ist sowohl ein Begriff der Lebenswelt als auch ein theoretischer Begriff der medizinischen Wissenschaft......" Quelle: Peter Franzkowiak, Bundeszentrale für gesundheitliche Aufklärung (BzGA), Stand 21.10.2021

Fazit: Die Einordnung als Krankheit lässt sich häufig nicht allgemeingültig beantworten. Was der eine schon als Krankheit bewertet, ist für den anderen eine Befindlichkeitsstörung. Gemeinsam bei beiden ist, dass es zu Einschränkungen im Leben kommt, die sehr unterschiedlich wahrgenommen werden und unterschiedliche Auswirkungen haben können.

Daher macht es aus meiner Sicht einen großen Unterschied, ob ich meinen Zustand als „gesund" oder als „krank" definiere.

„Gesundheit ist nicht alles, aber ohne Gesundheit ist alles nichts." *Arthur Schopenhauer*

Kapitel 3: Heilung und Heiler

Was ist Heilung?

„In der Medizin wird Heilung als Wiederherstellung der Gesundheit unter Erreichen des Ausgangszustandes (restitutio ad integrum) durch den Körper definiert. Bleibt ein organischer oder funktioneller Restschaden bestehen, spricht man von Defektheilung" (Quelle: Heilung – Wikipedia, Stand 21.10.2021)

Fazit: Gesundheit im Sinne der Definition der WHO zu erlangen, ist ein umfangreicher und sozialer Prozess, bei der viele, auch äußere Faktoren, Berücksichtigung finden müssen.

Der Begriff der Heilung, den Wikipedia verwendet, passt schon eher zu unserem allgemeinen Verständnis, wie wir uns Heilung vorstellen.

Heiler:

Wer heilt?

Hierauf habe ich keine eindeutige Definition gefunden. Der Duden (Stand 21.10.2021) definiert den Begriff wie folgt: *„eine männliche Person, die andere heilt"*

Zitat: *„Heiler sind eine Art Mittler und Überträger von Energien und Informationen. Heiler sind Impulsgeber, damit sich der Patient in einen ganzheitlichen Heilungsprozess begeben kann, an dem dieser selbst aktiv beteiligt ist. Als ein solcher Mittler und Überträger schwingt der Heiler sozusagen mit."* (Quelle: www.dgh-ev.de/was-ist-geistiges-heilen. html, Stand 21.10.2021)

Abb. 1

Fazit: Es kann keine eindeutige und für alle passende Antwort gefunden werden. Die Frage beantwortet sich nach unserem jeweiligen Verständnis von Heilung

Zum Thema Heilung wird es an anderer Stelle noch einige Ausführungen geben.

„Es kommt darauf an, den Körper mit der Seele und die Seele durch den Körper zu heilen." Oscar Wilde

Kapitel 4: Immunsystem

Was ist das Immunsystem?

Aufbau und Funktion des Immunsystems *(Quelle:Aufbau und Funktion des Immunsystems online lernen (sofatutor.com), Stand 21.10.2021)*:

„Das Immunsystem schützt den Körper vor Erregern wie Bakterien und Viren, die den Menschen krank machen können. Verschiedene Immunzellen arbeiten zusammen, um Krankheitskeime zu erkennen und sie unschädlich zu machen. Wichtig für die erfolgreiche Immunreaktion ist die Unterscheidung zwischen „fremd" und „körpereigen". Manchmal muss das Immunsystem auch eigene Zellen attackieren, wenn sich zum Beispiel gesunde Zellen in Krebszellen verwandeln.

An Aufbau und Funktion des Immunsystems beteiligen sich viele Organe. Sie werden als lymphatische Organe (oder Lymphsysteme) bezeichnet, die sich über den ganzen Körper verteilen. Hierzu gehören zum Beispiel die Rachenmandeln, die Lymphknoten, der Thymus (ein großes Organ im oberen Brustbereich), das Knochenmark, der Blinddarm – und die Milz.

Sie liegt auf der linken Seite im Oberbauch, direkt unter dem Zwerchfell. Die Milz spielt eine wichtige Rolle für das Immunsystem: Das Blut – und mit ihm mögliche Krankheitskeime – wird in der Milz in ein Geflecht aus feinen Gefäßen geleitet. Sie sind von Lymphgewebe umschlossen, das Immunzellen bildet. Krankheitskeime können hier gezielt durch Immunzellen erkannt und angegriffen werden.

Angeborene und erworbene Immunreaktion oder Immunabwehr

Das Immunsystem des Menschen gliedert sich in zwei Teile, die eng miteinander verknüpft sind. Das angeborene Immunsystem funktioniert von Geburt an. Es spürt die meisten Krankheitserreger innerhalb weniger Stunden auf und zerstört sie. Hier spielen Fresszellen (z.B. Granulozyten oder Makrophagen) und bakterientötende Substanzen (z.B. Lysozyme oder Interferone) eine zentrale Rolle. Allerdings attackiert das angeborene Immunsystem eindringende Keime unspezifisch, d.h. es reagiert nicht gezielt auf bestimmte artfremde Eiweißstoffe. Einige Krankheitserreger können deshalb diese erste Verteidigungslinie des Körpers überwinden.

Nun tritt das erworbene (spezifische) Immunsystem in Aktion, das innerhalb von vier bis sieben Tagen Immunzellen bildet, die einen bestimmten Erreger gezielt angreifen. Sie erkennen „ihren" Erreger anhand von Eiweißstoffen (Antigenen) auf dessen Oberfläche und vernichten ihn. Hier sind andere Immunzellen beteiligt, sogenannte B- und T-Lymphozyten.

Das erworbene Immunsystem ist nicht von Geburt an wirksam, es entwickelt sich vielmehr durch einen Lernprozess, der lebenslang andauert. Das Wichtige dabei: Beim erneuten Kontakt mit demselben Krankheitserreger erinnert sich das Immunsystem und reagiert schneller, aggressiver und effektiver – es entwickelt ein sogenanntes immunologisches Gedächtnis.

Allergie – wenn das Immunsystem überreagiert

Auch bei einer Allergie entwickelt der Körper ein immunologisches Gedächtnis, allerdings gegen harmlose Stoffe aus unserer Umwelt wie etwa Gräserpollen, Nüsse, Eier, Milchprodukte oder Kosmetika. Beim erneuten Kontakt mit diesen Allergenen kommt es zu heftigen Reaktionen des Immunsystems mit Beschwerden wie Schnupfen, Niesen, Atemnot, Blutdruckabfall, Erbrechen oder Durchfall.

Eine lästige, wenn auch harmlose Form der Allergie ist der Heuschnupfen. Er tritt zu den typischen Pollenflugzeiten auf und wird meistens durch den sogenannten Pricktest nachgewiesen: Der Arzt tropft verschiedene Pollenextrakte auf den Unterarm oder den Rücken. Bei einer Allergie wie Heuschnupfen röten sich die Stellen nach etwa 15 bis 20 Minuten. Sie schwellen an und jucken meist.

Heuschnupfen lässt sich mit Medikamenten (Antiallergika) behandeln, die die allergische Reaktion abschwächen, unterdrücken oder ihr vorbeugen. Alternativ führt der Arzt eine Hyposensibilisierung durch: Betroffene bekommen das Allergen in regelmäßigen Abständen in steigender Menge unter die Haut gespritzt. Der Körper wird so an das Allergen gewöhnt."

Soweit eine gute und hoffentlich verständliche Einführung in das Thema Immunsystem. Doch was bedeutet das für uns, wenn wir krank sind und vielleicht sogar an Mastzellerkrankungen leiden? Gerade dann wird oft befürchtet, Maßnahmen zu unternehmen, die das Immunsystem stärken, da es ja oft als „überstark" empfunden wird. Hier soll der Begriff „starkes Immunsystem" so verstanden werden, dass das Immunsystem ohne Beeinträchtigungen in der Lage ist, seinen Aufgaben nachzukommen. Wie an vorheriger Stelle ja schon erklärt wurde, lernt das erworbene Immunsystem ein Leben lang. Das heißt, es ist kein starres Gebilde, sondern in der Lage, lebenslang Veränderungen vorzunehmen.

Für Menschen, die erkrankt sind, bedeutet dieses, dass der Zustand, in dem sie sich gerade befinden (meist) nicht unabänderlich ist, sondern dass eine Verbesserung zum Guten grundsätzlich möglich ist. Bitte besprechen Sie sich diesbezüglich unbedingt mit Ihren behandelnden Ärzten, Therapeuten und Heilpraktikern.

Fazit: auch ein schlechter Zustand, der schon lange anhält, kann grundsätzlich gebessert werden, da das erworbene Immunsystem lebenslang in der Lage ist zu lernen. Damit ist auch ein umlernen von einem „schlechten", also kranken Zustand, in einen „guten" gesunden Zustand möglich!

Wie stärkt man das Immunsystem?

Wenn man sich im Netz und auf dem Büchermarkt umschaut, findet man eine verwirrend große Fülle an Informationen hierzu. Wer gerne tiefer in die Thematik einsteigen möchte, der findet gute und verständliche Informationen.

Hier und an dieser Stelle möchte ich nicht in die Tiefe gehen, sondern in der Breite einige für Sie wichtige Informationen bereitstellen.

Wussten Sie, dass sich ca. 80 Prozent unser Immunzellen im Darm befinden? Hat Ihnen dies jemals Ihr Behandler gesagt?

Falls nein, wundern Sie sich nicht. Es scheint so zu sein, dass diese wichtige Information wenig bis gar nicht von ärztlicher Seite kommuniziert wird. Ausnahmen bilden da meist nur Ärzte, die sich mit orthomolekularer Medizin beschäftigen und Heilpraktiker. Aber vielleicht haben Sie Glück und gehören zu den Wenigen, die diese Informationen schon bekommen haben. Dann gratulieren Sie sich, denn Sie sind auf dem richtigen Wege und haben gute Unterstützer gefunden.

Warum ist dieses Wissen von Bedeutung und was bedeutet das für mich?

„Der Tod sitzt im Darm"

Dies ist der Spruch des begnadeten und bekannten Arztes Paracelsus aus dem 16. Jahrhundert. Bereits damals war bekannt, dass im Darm die Ursache für viele Erkrankungen zu finden ist. Leider scheint dieses Wissen in der heutigen (Schul-)Medizin an Bedeutung verloren zu haben. Glücklicherweise entwickelt sich aber langsam ein breites Bewusstsein dafür, sich um dieses so überaus wichtige Organ adäquat zu kümmern.

Wie kann ich erfolgreich gesund werden, wenn der Darm in die Betrachtung und Behandlung meiner Erkrankungen nicht einbezogen wird? Dies erschließt sich mir leider nicht, ist aber viel zu häufig gängige Praxis gerade auch bei der Behandlung von chronischen Erkrankungen.

Umso wichtiger ist es, sich dieses Wissen anzueignen und sich gut um dieses Organ von herausragender Bedeutung, zu kümmern. Sind Sie bereits chronisch krank, sollten Sie sich diesbezüglich gute und kompetente Unterstützung suchen, die Ihnen bei einer gegebenenfalls notwendigen Darmsanierung behilflich ist.

Für mich ist die Sanierung des Darmes eine der Grundvoraussetzungen für ein gutes und gesundes Leben. Unsere heutige Lebens- und Ernährungsweise wirkt überaus schädigend auf den Zustand unseres Darms. Beispielhaft möchte ich da unsere Ernährung benennen, die viel zu häufig arm an Nährstoffen und reich an leeren Kohlenhydraten ist, sowie der viel zu häufigen Gabe von Antibiotika und sonstigen Medikamenten. Das Thema Antibiotikaresistenzen ist Ihnen sicher bekannt und soll hier nicht weiter vertieft werden. Ein wirklich großes und problematisches Thema ist auch das Zuviel an Zucker, das wir täglich, meist in versteckter Form, zu uns nehmen. Ein Übermaß an Zucker kann zu silent inflamation führen. Silent inflamation sind die sogenannten stillen Entzündungen, die das Immunsystem schwächen. Oft steckt aber auch ein bisher nicht erkanntes leaky gut (=durchlässiger Darm) dahinter. Leaky gut und silent inflamation sind Themen, die einer umfangreichen Kenntnis und Behandlung bedürfen.

In einigen Fällen hat man bei schwerstkranken Menschen sozusagen als letzte Maßnahme eine Stuhltransplantation durchgeführt. Diese Maßnahme wird aber nur von wenigen Zentren durchgeführt und ist insofern nicht unproblematisch, da man immer noch nicht genau weiß, wie quasi der eigene „Fingerabdruck" im Stuhl sich auf das Immunsystem eines fremden Menschen auswirkt. Einige Menschen haben jedoch von dieser Maßnahme profitiert und sind dadurch nach langem Leiden endlich wieder gesund geworden. Es gab allerdings auch Todesfälle im Zusammenhang mit einer Stuhltransplantation. Anhand dieser Beispiele kann man gut die Bedeutung dieses weit unterschätzten Organs erkennen, finde ich.

Wenn Sie bezüglich des Zustandes Ihres Darms im Zweifel sind, suchen Sie sich einen guten und kompetenten Arzt oder Heilpraktiker, der mit Ihnen die weiteren Schritte bespricht und Sie gut bei einer gegebenenfalls nötigen Sanierung unterstützt. Bei der Abklärung von einigen Erkrankungen wir es gegebenenfalls nötig sein, Stufenbiopsien zu nehmen. Bei einigen Verdachtsfällen (z. B. Verdacht auf Mastozytose/MCAS) wird der Diagnostiker Proben entnehmen und in eine Spezialpathologie schicken, da manche Dinge (hier Mastzellen) erst mit Hilfe einer speziellen Färbung sichtbar gemacht werden können. Deshalb ist es wichtig, dass Sie vorher mit dem Arzt die Untersuchungen und weitere Schritte besprechen, um gleich zu Beginn die richtigen Wege gehen zu können.

Fazit: Um das Immunsystem zu stärken und fit zu machen, bedarf es unbedingt eines gesunden und funktionsfähigen Darms. Dieser ist die Basis für ein gesundes Leben!

Abb. 2

Statt Müsliriegeln (häufig ein zu viel an zugesetztem Zucker) und Fastfood, stecken Sie sich lieber einen Apfel oder Nüsse in Ihre Tasche. Ihr Darm wird es Ihnen danken. Die guten Darmbakterien brauchen gutes Futter! Und Ihr Hüftgold dankt es Ihnen auch :-)

„Der Darm ist die Wurzel der Pflanze Mensch"
Franz Xaver Mayr

Kapitel 5: Ernährung

Ich habe es genau gehört: Sie haben gestöhnt und gedacht, nicht schon wieder dieses Thema. Ich weiß doch, wie wichtig gesunde Ernährung ist. Verschonen Sie mich damit, da kann ich nichts Neues erfahren.

Stimmt es, habe ich Sie bei diesem Gedanken erwischt? Falls ja, hoffe ich, dass es mir gelingt, Ihnen doch eine etwas andere Sichtweise auf Ihre Ernährung nahezubringen.

Und ja, natürlich haben Sie Recht, mit der Information, wie wichtig gesunde und nährstoffreiche Ernährung ist, hole ich niemanden vom Sofa.

Aber wissen Sie das wirklich? Nun wir werden sehen.

Stellen Sie sich einmal vor, wir begeben uns gemeinsam in ein Konzert: Wir haben uns schön angezogen, uns mit unseren Freunden getroffen und betreten voller Erwartung auf einen musikalischen Hochgenuss das Bühnenhaus.

Wir nehmen unsere Plätze ein und freuen uns sehr und sind aufgeregt. Der Abend wird sicher sehr schön und ein Hochgenuss für unsere Ohren und unsere Sinne werden. Da sind wir ganz sicher. Ein aufgeregtes Gefühl macht sich in uns breit.

Alle Konzertbesucher haben mittlerweile Platz genommen und es geht ein erwartungsvolles Raunen durch die Reihen. Gleich geht es los und der Vorhang wird sich öffnen. Es soll ein anspruchsvolles Stück mit 49 Musikern gespielt werden. Die Vorfreude ist riesig.

Endlich öffnet sich der Vorhang und gibt den Blick auf das Orchester frei. Zu sehen ist ein überaus motivierter Dirigent und das Orchester. Dann der 2. Blick ins Orchester und ein Aufschrei geht durch die Zuschauer-reihen: ist das euer Ernst??? Wo sind die Musiker geblieben? 49 Musiker waren angekündigt, aber auf den Plätzen sitzen nur einige wenige ganz verteilt in den Reihen. Manche davon sehen zudem so aus, als ob sie ihr Instrument zum ersten Male in der Hand hielten.

Verwirrt sehen Sie sich im Publikum um. Die anderen Gäste machen den gleichen irritierten Eindruck wie Sie. Der Dirigent sieht leicht panisch aus. Er zögert einen Moment, dann strafft er sich und beginnt. Die Gäste sehen sich verwirrt und fragend an. Ernsthaft, so will der ein Konzert spielen? Ist doch nicht sein Ernst. Es kommt, wie es kommen muss: der Dirigent gibt alles und auch wirklich alles. Der Taktstockt fliegt durch die Luft, der ganze Körper ist im Einsatz. Das Hemd schon nassgeschwitzt, der Kopf hochrot. Doch was machen die Musiker? Die wenigen, die da sind, spielen furcht-bar. Nur einige Wenige scheinen das Stück zu kennen und ihr Instrument zu beherrschen. Die meisten liefern nichts ab: entweder viel zu laut oder zu leise. Es sind einige Misstöne zu hören. Kurz gesagt, das Konzert ist eine Katastrophe und nach kurzer Zeit verlassen die meisten Konzertbesucher wütend und enttäuscht den Raum. Nach weiteren Minuten gibt der Dirigent völlig erschöpft und frustriert auf. Er hat wirklich sein Bestes gegeben, aber mit dieser Gurkentruppe war einfach nichts zu holen. Zutiefst erschöpft und enttäuscht verlässt der Dirigent mit Weltklasseruf den Konzertsaal, mit dem Gefühl komplett versagt zu haben.

Der Abend endet für alle im Desaster.

Und was soll mir diese Geschichte denn nun sagen, werden Sie sich vielleicht fragen? Was hat denn der Besuch im Konzert mit Ernährung zu tun. Verstehen Sie vermutlich nicht.

Nun, diese kleine Geschichte steht für das Funktionieren des Immunsystems und einer gelungenen (hier aber misslungen) Nährstoffaufnahme durch die Ernährung. Der Dirigent steht für die Steuerfähigkeit des Immunsystems. Ihr Immunsystem (Dirigent) kann alles geben und hochmotiviert sein, es wird aber scheitern, wenn die Musiker (hier Vitamine und Spurenelemente) nicht anwesend sind (Spiegel nicht messbar) oder zu laut (Werte zu hoch) oder zu leise (Werte zu niedrig). Misstöne (Gegenspieler fehlen, z. B. Vitamin D 3 braucht Vitamin K1) entstehen.

Diese kleine Geschichte soll bildhaft darstellen, was das Immunsystem benötigt, um gut funktionieren zu können. Das Orchester wird nur dann ein gutes und gelungenes Stück (=gute Gesundheit) spielen können, wenn alle anwesend sind UND Ihr Instrument beherrschen. Ein großer Teil der Voraussetzungen für ein gutes Funktionieren des Immunsystem wird über eine gute Ernährung zugeführt. Über eine gute und richtig zerkaute Nahrung wird eine hohe Bioverfügbarkeit erreicht, das heißt, die Nährstoffe kommen über einen gut funktionierenden Darm in den Zellen (Mitochondrien) an. Die Mitochondrien sind die Kraftwerke unserer Zellen. Bekommen sie keinen Treibstoff (=gute Nährstoffe und gute Nährstoffaufnahme im gesunden Darm) können wichtige Zellfunktionen nicht erfolgen. Das ist so, als würden Sie versuchen, Ihr Auto mit leerem Tank zu fahren.

Eine gute Ernährung erfolgt aber meist leider nicht! Hier muss alles stimmen, damit das Immunsystem nicht über kurz oder lang in eine Schieflage gerät.

Zu einer guten Ernährung gehören nicht nur die sogenannten Mikronährstoffe, sondern auch die Basis muss stimmen. Die Basis sind die sogenannten Makronährstoffe. Diese sind Kohlenhydrate, Fette und Proteine. Es ist sehr wichtig, dass diese in der richtigen Menge und in der richtigen Zusammensetzung aufgenommen werden. Gerade weil fast immer die Basis für ein gesundes Leben in Form einer richtigen und ausgewogenen Ernährung nicht gegeben ist, beginnen gesundheitlichen Probleme diffus und schleichend. Oft braucht es Jahre, manchmal auch Jahrzehnte, bis sich die Folgen einer ungenügenden Ernährung sichtbar machen! Dann leidet der Mensch nicht selten bereits an gravierenden gesundheitlichen Problemen, bevor überhaupt erst ein Zusammenhang mit der Ernährung und den Lebensgewohnheiten eines Menschen erkennbar ist.

Nun ja, Sie werden sicher sagen, diese kleine Geschichte vom Konzertbesuch ist aber schon sehr zugespitzt, oder? Die Antwort lautet ja und nein. Bereits seit einem Jahrzehnt engagiere ich mich in der Selbsthilfe. Wir führen regelmäßig Beratungsgespräche mit Betroffenen, die sich oft nach jahre-(manchmal auch nach jahrzehnte-) langer Odysee an uns wenden. Leider hat die Zahl derer, die sich völlig verzweifelt an uns wenden, weil sie nur noch einige wenige Lebensmittel essen können, sehr zugenommen. Diesen Menschen ist oft nicht bewusst, dass sie buchstäblich verhungern, weil ihnen einfach durch die Mangelernährung die Mittel zum (über-)leben fehlen. Da geht es in erster Linie nicht um ein zu wenig an Kalorien, sondern es geht um einen dramatischen Nährstoffmangel, der nicht ausgeglichen wurde. Kann dieser nicht behoben werden, hat der Organismus auf Dauer keine Chance zum Überleben. Stellen Sie sich vor, Ich fordere Sie auf, in Ihr Auto zu steigen und mit Vollgas ohne anzuhalten eine Strecke von 500 Kilometern zu fahren, obwohl Ihre Tankanzeige bereits rot zeigt und die Wartungsanzeige auch schon leuchtet. Sie werden mir mit Sicherheit sagen, dass Sie doch nicht bescheuert sind, dies zu tun, da Sie dabei höchstwahrscheinlich entweder liegen bleiben oder vielleicht sogar Ihr Auto dabei zu Schrott fahren werden. Sie werden mein Ansinnen an Sie mit Recht empört zurückweisen, da Sie nicht durch meine Unvernunft Ihr teures und wertvolles Auto zu Schrott fahren möchten. Genau das passiert aber mit Menschen, die sich nicht adäquat um Ihre Ernährung bemühen. Sie erwarten dann, dass Ärzte und Heilpraktiker sie heilen sollen. Kümmern Sie sich also bitte um Ihre Ernährung, bevor die Tankanzeige rot leuchtet und die Motorwarnlampe angeht. Wenn Sie dann weiterfahren, ist ein möglicher Schaden hochwahrscheinlich. Viele Betroffene machen selbst dann noch genau so weiter.

Lebensmittel heißen Lebensmittel, weil sie Mittel zum Leben sind!

Diese simple Tatsache ist vielen einfach nicht bewusst! Daher versuchen Sie unbedingt, dass Ruder frühzeitig herumzureißen, wenn Sie merken, dass Sie Probleme mit der Nahrungsaufnahme haben. Warten Sie nicht, bis Ihr Immunsystem quasi am verhungern ist. Suchen Sie unbedingt frühzeitig einen Arzt oder Heilpraktiker auf, bevor die Störungen sich manifestieren. Man kann es nicht oft genug wiederholen: Eine gesunde Ernährung und ein gesunder Darm sind die Basis für eine gute Steuerungsfähigkeit des Immunsystems!

Werfen wir jetzt noch einmal zusammen einen Blick auf unsere Ernährung. Sind Sie sich immer noch wirklich sicher, dass Sie alles wissen, damit Ihr Immunsystem gut funktionieren kann? Wissen Sie wirklich gut Bescheid, über die richtige Zusammensetzung der Vitamine, Mineralstoffe und Spurenelemente? Wissen Sie wirklich Bescheid über entzündungshemmende und über entzündungsfördernde Lebensmittel? Wissen Sie wirklich Bescheid, wie Sie Ihre Mittagsmahlzeit quasi als Mittel gegen einen beginnenden Infekt nutzen können? Gutes, richtiges und maßvolles Essen und vor allem das Wissen darum, kann genauso wirkungsvoll wie eine Medizin aus der Apotheke sein. Ist Ihnen dies bewusst?

Nehmen wir einmal an, es ist Herbst und es herrscht seit Tagen Schmuddelwetter. Sie fühlen sich irgendwie angeschlagen und spüren bereits ein Kratzen im Hals. Jetzt können Sie sich eine Pizza in den Ofen schieben und nach dem Essen in die Apotheke fahren und sich Mittel gegen Erkältung kaufen. Aber jede Medizin, die eine Wirkung entfaltet, hat Nebenwirkungen. Oder Sie bereiten sich einfach einen leckeren Salat mit verschiedenen Blattsalaten (wenig Kalorien, relativ hohe Nährstoffdichte), frischer Paprika (hoher Gehalt an Vitamin C), frischen Champions (hoher Eiweißgehalt) Radicchio (Bitterstoffe, gut für die Verdauung und die Herzfunktion) mit Brunnenkresse, einer roten Zwiebel und einer leckeren Lauchzwiebel (enthalten alle Senföle, die wirken antibakteriell und antiviral), sowie einem leckeren Dressing aus Olivenöl (gute Fettsäuren) und Zitronensaft (hoher Gehalt an Vitamin C.) Das ganze garnieren Sie mit einem frischen hart gekochten Bioei (enthält alle Vitamine und ist ein sehr guter Energielieferant, hoher Eiweißgehalt). Jetzt streuen Sie noch üppig frische gehackte Petersilie (hoher Gehalt an verschiedenen Vitaminen und Antioxidantien) auf Ihren leckeren und duftenden Salat. Ihnen läuft buchstäblich das Wasser im Munde zusammen (Speichelfluss wird angeregt, Verdauungsenzyme bereit gestellt-Verdauung beginnt bereits im Mund!) schon beim Anblick des köstlichen

Salates. Hier können Sie die Nebenwirkung erwarten, dass Sie gerne mehr davon essen möchten, weil es so lecker ist :-).

Im ersten Fall dagegen, fühlen Sie trotz gut gefühltem Bauch nach kurzer Zeit wieder ein unbestimmtes Hungergefühl (=Nährstoffmangel), sind frustriert, weil sie (wieder) zu viele leere Kalorien gegessen haben und bekommen zu allem Überfluss noch Kopfschmerzen, weil Sie das verdammte Grippemittel aus der Apotheke nicht vertragen. Jetzt haben Sie die Nase voll und kriechen schlecht gelaunt aufs Sofa unter die Decke, schlafen dort ein und wachen Stunden später mit einem dicken Kopf auf. Dieser Tag ist jetzt echt gelaufen (die Nase läuft mittlerweile übrigens auch).

Im zweiten Fall haben Sie den leckeren Salat genossen und freuen (Freude= Ausschüttung von Glückshormonen, die direkt auf das Immunsystem wirken) sich, dass Sie es heute endlich mal geschafft haben, sich mit relativ wenig Aufwand etwas richtig Gutes zubereitet zu haben. Das motiviert und freut Sie so sehr, dass Sie sich nach kurzer Pause auf dem Sofa anziehen und in den Park vor die Tür gehen und den Spaziergang an der frischen Luft sehr genießen. Vorher hat es geregnet und Sie wundern sich, warum Sie sich nach dem Gang durch den Park besser fühlen (=durch Regen veränderte elektrische Ladung der Sauerstoffteilchen, wirkt direkt auf den Organismus). Beschwingt gehen Sie dann nach Hause, bereiten sich abends einen guten Tee und ein leckeres Gemüsesüppchen (die Gemüsereste müssen eh verbraucht werden) zu und anschließend gucken Sie noch den blöden Film, den Sie schon seit Wochen gucken wollten. Dabei lachen Sie sich buchstäblich schlapp (lachen=Verbesserung der Lungenfunktion, Erhöhung der Sauerstoffzufuhr im Gehirn, Steigerung der Immunabwehr, Abbau von Stress....) und wachen am nächsten Morgen gut gelaunt und wieder leistungsfähig auf.

Märchenstunde, meinen Sie? Nö, wenn Sie das Kapitel vorher aufmerksam gelesen haben, WISSEN Sie genau, dass es so gehen kann. Aber wo genau liegt denn nun der Unterschied? In beiden Fällen haben Sie doch sich etwas zu Essen gemacht und sich hingelegt um auszuruhen. Doch im ersten Fall sind Sie am morgen danach immer noch krank und im 2. Fall geht es Ihnen gut. Der Unterschied ist, dass Sie jetzt unter anderem gelernt haben, welchen Stellenwert Ernährung hat. Diese Erkenntnis haben Sie erfolgreich angewendet. Dann haben Sie schon vorher beschlossen, dass Sie von sich selbst nicht mehr als „chronisch krank" denken wollen. Durch den Spaziergang haben Sie zudem noch aktiv in die Produktion Ihrer „Chemiefabrik" eingegriffen und die Produktion von entzündungshemmenden Stoffen angekurbelt. All dies hat dazu geführt, dass Sie sozusagen die Produktionsabläufe in Ihrer Chemiefabrik aktiv gesteuert und positiv verändert haben. Die biochemischen Prozesse laufen in beiden Fällen völlig unterschiedlich ab. Im ersten Fall sind Sie danach krank, im 2. Fall gesund. Und das haben Sie selbst gesteuert! Weil Sie Ihren eigenen Arzt (=Wissen wie es funktioniert) dabeihatten. Eben Doc to go.

Nutzen Sie in der Regel die Heilkraft und die Stärkung Ihres Organismus in erster Linie über Ihre tägliche Ernährung und verzichten daher öfters auf den Gang in die Apotheke? Falls ja, herzlichen Glückwunsch, Sie sind entweder Immunologe, Heilpraktiker, Oecotrophologe oder ganz einfach besonders motiviert und interessiert und haben Tonnen von entsprechender Literatur gewälzt. Oder Sie haben mein Buch schon gelesen und wissen, dass es auch mit dem Lesen von nur einem Buch geht :-)

Falls nicht, grämen Sie sich nicht. Da kann man nur sagen: Willkommen im Club. Ihnen geht es so wie den meisten Menschen und vermutlich auch den meisten Ihrer Ärzte. Dies nicht, weil Ihre Ärzte ignorante Vögel sind, sondern weil das Wissen um die Bedeutung von Vitaminen, Mineralstoffen und Spurenelementen viel zu wenig Beachtung im Studium findet und nicht adäquat vermittelt wird. Ich hoffe sehr, dass sich dieses zunehmend ändern wird.

Fazit: um Gesundheit zu erlangen ist es wichtig, dass alle Vitamine, Mineralstoffe und Spurenelement in der richtigen Dosierung vorhanden sind und die Basis der Ernährung durch die richtige und ausreichende Zuführung von Proteinen, Kohlenhydraten und Fetten stimmt. Nur so ist unser Steuersystem in der Lage, Gesundheit zu produzieren.

Trotz bester Medizin und guter medizinischer Versorgung in unserem Land leiden immer mehr Menschen an chronischen Erkrankungen. Die Wartezimmer sind voll von frustrierten Patienten. Diese stehen oft hilflosen und überforderten Ärzten gegenüber, die bei nicht wenigen Patienten buchstäblich mit ihrem Latein am Ende sind.

Für die Zukunft gilt es, die Ursachen zu erforschen und unseren Blickwinkel zu verändern.

Meines Erachtens müssen Darmgesundheit und Ernährung einen ganz anderen Stellenwert finden. Kinder sollten bereits von Beginn an mit den Grundlagen für eine gesunde Lebensweise aufwachsen. Ernährung und das Wissen um die Funktionsweise des menschlichen Körpers ist die Basis für ein gesundes Leben. Unsere

Lebensweise, aber auch die moderne Medizin lässt dieses aus meiner Sicht vermissen. Im Interesse aller sollte bald ein Umdenken stattfinden. Unser Gesundheitssystem und die umgebenden Sozialsysteme werden durch das Heer von chronisch kranken Menschen bis zum Anschlag belastet. Den Preis dafür zahlen wir alle, auch die vermeidlich Gesunden! Die Kosten durch diese schädigende Lebensweise gehen in die Milliarden! Sie verursachen hohe Kosten im Gesundheitssystem, die Rentensysteme werden durch vorzeitiges Ausscheiden aus dem Arbeitsleben massiv belastet und die Ausfälle durch Krankheit während der Berufsphase müssen von Dritten getragen werden (Beispiel: Ausfall einer Pflegekraft= schlechte Versorgung der zu Pflegenden und massive Mehrbelastung der anwesenden Arbeitskräfte)

Doch zurück zum Thema Ernährung.

Die gute Nachricht ist, dass Sie (hoffentlich) jetzt eine bessere Vorstellung davon bekommen haben sollten, wie wichtig eine in allen Punkten gehaltvolle Ernährung ist. Leider haben Veränderungen in der modernen Lebensmittelproduktion in den vergangenen Jahren in vielen Teilen dazu geführt, dass unsere Lebensmittel nicht mehr den gleichen Gehalt an Vitaminen, Spurenelementen und Mineralstoffen aufweisen, wie noch vor wenigen Jahrzehnten. Die Böden sind auch zunehmend ausgelaugt und können nicht mehr das abgeben, was sie früher abgegeben haben. Das bedeutet, selbst wenn Sie sich heute genauso wie vor einigen Jahren ernähren, ihre über Nahrung aufgenommene Nährstoffdichte heute wesentlich geringer ist. Wenn Sie dies nicht ausgleichen, geraten Sie unweigerlich in den Mangel. Ist Ihnen dies bewusst? Wahrscheinlich eher nicht. Auch ist der zunehmende Einsatz von Pestiziden und die zunehmenden Umweltbelastungen ein großes Problem, besonders bei der konventionellen Produktion von Lebensmitteln.

Als grobe Formel kann man sagen: Essen Sie möglichst biologisch, saisonal und regional und nutzen Sie alle Farben an Lebensmittel bei der Auswahl Ihrer Produkte. Kochen Sie möglichst frisch und benutzen Sie keine fertigen Produkte. Je ursprünglicher Lebensmittel sind, desto besser ist es. Damit können Sie schon nicht allzu viel falsch machen und können damit meist eine gute Nährstoffversorgung sicherstellen. Hilfreich ist es, wenn Sie sich einen Jahreskalender besorgen, indem die saisonalen Lebensmittel auf einem Blick aufgezeigt werden. Das erleichtert die Orientierung beim täglichen Einkauf und die Auswahl der Lebensmittel und der Speisen, die Sie gerne zubereiten möchten.

Abb. 3

Die schlechte Nachricht ist, dass Sie sich mit Ihrer Ernährung auseinandersetzen müssen. Niemand nimmt Ihnen das ab und Sie stehen diesbezüglich in der Verantwortung für sich selbst. Mit der Entscheidung über eine gute und gesunde Ernährung legen Sie einen

Grundstein für Ihre Gesundheit oder die Wiederherstellung Ihrer Gesundheit. Das liegt in Ihren Händen und es ist gut, wenn Sie sich dies bewusst machen.

Trotzdem sollte man nicht vergessen, dass Essen Genuss bedeutet und im Idealfall alle Sinne anspricht. In Maßen ist alles erlaubt, auch mal ein Shit Day, wo Ungesundes in Maßen, dann aber bitte auch mit Freude und Genuss, gegessen werden kann.

Fazit: Essen soll Freude machen und Körper und Seele nähren!

Fakt ist aber, dass genau dies häufig heutzutage nicht mehr geschieht. Wir stopfen achtlos Essen in uns hinein, während wir Zeitung lesen, Fernsehen schauen, auf dem Handy daddeln. Damit nehmen wir uns die Möglichkeit, über genussvolles Essen verschieden Sinne anzusprechen. Zudem essen wir meist auch noch viel zu viel, da wir schlicht verpassen, zu bemerken, wann wir gesättigt sind. Je mehr Sinne angesprochen werden, desto positiver sind die Auswirkungen auf den Körper. Es wird sozusagen die körpereigene Chemiefabrik angeschmissen, mehr gute Botenstoffe und Proteine zu produzieren, was einen direkten Einfluss auf das Wohlbefinden hat. Gutes und maßvolles Essen wirkt wie ein Immunboost!

Übrigens noch ein kleiner Tipp: die meisten Krankenkassen zahlen eine Ernährungsberatung, gerade auch bei chronisch kranken Menschen. Nutzen Sie diese Gelegenheit, mehr über die richtige Ernährung für sich selbst zu lernen.

In den allermeisten Fällen wird man feststellen, dass die Ernährung, so wie man sie bisher praktiziert hat, nicht wirklich gut ist. Umlernen wird von den meisten von uns als anstrengend empfunden. Dem kann man entgegenwirken, in dem man gemeinsam mit anderen einen Kurs besucht oder gemeinsame Kochabende veranstaltet. Das macht Spaß und spricht auch noch weitere Sinne an. Aktivitäten in der Gruppe sind einfach schöner und der Austausch hat noch weitere positive Effekte.

So, nun sind wir schon ein kleines Stück gemeinsam gegangen. Wir haben gesehen, welche Basis es braucht, damit Gesundheit gelingen kann. Manchmal braucht es nur ein erweitertes Wissen, um Dinge relativ einfach ändern zu können. Vielleicht habe ich Sie jetzt dazu gebracht, Ihr Verhältnis zum Darm und zum Essen ein wenig zu überdenken. Vielleicht haben Sie sich auch schon mit Ihrer Definition von Krankheit und Gesundheit auseinandergesetzt? Vielleicht nehmen Sie sich schon nicht mehr jeden Tag als „chronisch krank" wahr? Das wäre schon ein sehr großer Unterschied auf dem Weg zu mehr Gesundheit und Wohlbefinden. Hierdurch hätten Sie an Ihrer Gesundheit schon unbemerkt einige Schrauben gedreht, die Ihren Organismus langsam, aber wirkungsvoll verändern. Unbemerkt verändert sich hierdurch in Ihrer körpereigene Chemiefabrik die Produktion. Bereits jetzt arbeitet sie schon verstärkt an der Produktion guter Botenstoffe und die Produktion der schlechten Stoffe nimmt ab. Manche Dinge lassen sich mit dem entsprechenden Wissen relativ leicht ändern.

Fazit: Auch kleine Veränderungen können große Wirkungen haben

Ich werde immer wieder gefragt, ob ich bei meiner Erkrankung eine Diät einhalte. Die Antwort lautet nein. Warum das so ist, möchte ich Ihnen kurz darlegen.

Essen ist Nahrung, Genuss und befriedigt im Idealfall mehrere Sinne. Wenn ich nicht aus dem Bauchgefühl intuitiv das essen kann, wonach mir der Sinn steht, bedeutet dies eine Einschränkung. Gerade Essen ist in unserem Kulturkreis mit einem hohen Stellenwert behaftet. Versage ich mir auf Dauer bestimmte Lebensmittel, obwohl es mich geradezu danach verzehrt, bedeutet dies Stress. Es ist unbestritten, das Stress in jeglicher Form sehr negative Auswirkungen auf den gesamten Organismus hat. Eine dauerhafte Versagung führt zu einem Dauerstress, den wir meist gar nicht bewusst wahrnehmen. Bei Mastzellerkrankungen kann dies dazu führen, dass hierdurch die Mastzellen ständig unbemerkt aktiviert werden. Besser ist es, ein intuitives Bauchgefühl zu entwickeln. Meiner Meinung nach kann man es erlernen. Meine Erfahrung ist, dass mein Bauchgefühl mir richtig signalisiert, welche Lebensmittel ohne Probleme von mir gegessen werden können, oder welche ich IM MOMENT besser nicht esse. Diese Herangehensweise lässt Stress erst gar nicht entstehen, da ich grundsätzlich (fast) alles essen kann. Nur eben nicht immer, aber das ist für mich okay. Natürlich gibt es auch Erkrankungen, bei denen eine bestimmte Ernährung zwingend nötig ist. Hier ist eine Diät unbedingt einzuhalten! Fragen Sie im Zweifel Ihren Arzt oder Heilpraktiker, wenn Sie sich unsicher sind.

Grundsätzlich kann man wohl sagen, dass eine proteinreiche, pflanzenbasierte Ernährung mit guten Fetten für die Gesundheit (und die Umwelt und das Klima) am günstigsten zu sein scheint. Ernährung ist jedoch ein höchstpersönliches Thema, wo jeder Mensch den für ihn richtigen Weg suchen und finden muss.

Damit möchte ich gerne das Kapitel Ernährung beenden.

„Der Mensch ist, was er isst." Ludwig Feuerbach

Aber es gibt noch viel mehr zu entdecken. Jetzt sind wir erst bei den relativ bekannten Basics. Die spannenderen Dinge kommen noch. Versprochen! Bleiben Sie dran. Aber noch sind wir dabei, die Grundlagen zu verstehen.

Auf geht's. Wir gehen weiter und widmen uns der Frage der Bedeutung von Vitaminen und Mineralstoffen und kommen damit zu

Kapitel 6: Vitamine und Mineralstoffe

Im vorigen Kapitel haben wir ja schon gesehen, wie wichtig Vitamine und Mineralstoffe sind. Ich möchte in diesem Kapitel nur einige Dinge anschneiden. Das Thema ist sehr umfangreich und komplex und dazu gibt es wirklich gute und leicht verständliche Ratgeber. Wenn Sie sich weiter zu diesem Thema informieren wollen, empfehle ich Ihnen, sich entsprechende Literatur zu besorgen. An dieser Stelle soll es nicht um ein vertieftes und umfassendes Wissen gehen, sondern nur um einige grundlegende Informationen zu diesem Thema.

Ich empfehle Ihnen, regelmäßig einen labortechnischen Status machen zu lassen, um festzustellen, wie Ihre aktuelle Versorgung ist. So können Defizite frühzeitig erkannt und dann gezielt aufgefüllt werden. Sprechen Sie diesbezüglich mit Ihren Ärzten, ob dies als Kassenleistung möglich ist. Leider wird dies nicht immer der Fall sein. Dennoch rate ich Ihnen, sich dann ein Labor zu suchen, wo Sie mittlerweile auch recht kostengünstig einen kompletten Status erstellen lassen können.

Nun werden Sie sicher denken, dass Sie es ärgerlich finden, selbst dafür Geld ausgeben zu müssen. Da stimme ich Ihnen zu, dennoch gebe ich zu bedenken, dass es für die meisten Menschen selbstverständlich ist, Geld für die Inspektion ihres Autos auszugeben. Geld in die eigene Gesundheit zu investieren, fällt vielen Meschen immer noch schwer. Ich denke, das hängt mit unserem Bewusstsein und unserer Haltung zu Krankheit und Gesundheit zusammen. Da lohnt es sich, einmal genauer hinzuschauen und bestimmte Dinge zu hinterfragen um ein anderes Bewusstsein zu schaffen.

Meines Erachtens ist es nicht sinnvoll, sich im Drogeriemarkt ein Multivitaminpräparat zu kaufen und auf Verdacht einzunehmen. Eine Überversorgung kann genauso schädlich sein, wie eine Unterversorgung. Das Gießkannenprinzip eines Multivitaminpräparates kann genau dazu führen. Zudem enthalten solche Präparate oft noch viele Zusatzstoffe, die im besten Falle unnütz sind, im schlechten Falle schädlich auf den Organismus wirken. Oft sind sie auch in der Zusammensetzung der Wirkstoffe nicht optimal. Besser ist eine gezielte Versorgung, die auch das Prinzip einer guten Bioverfügbarkeit erfüllt. Wenn Sie die Vitamine in natürlicher Form zu sich nehmen, erreichen sie diese besser als über eine künstlich hergestellte Tablette. Bitte beachten Sie dies bei der Auswahl Ihrer Produkte. Der Markt ist riesig und unüberschaubar und da gilt es herauszufinden, was für Sie jetzt in dieser Situation das richtige Produkt ist. Es ist gut, sich einmal mit der Heilkraft der Lebensmittel zu beschäftigen um herauszufinden, welche einen besonders hohen Gehalt des fehlenden Vitamins enthalten. Möglicherweise ist es machbar, über eine gezielte Ernährungsumstellung ein eventuell vorhandenes Defizit auszugleichen. Allerdings gilt auch hier: die Dosis macht das Gift. Brokkoli beispielsweise ist reich an Vitamin K. Vitamin K (Phyllochinon) ist wichtig für die Blutgerinnung und für die Knochengesundheit. Brokkoli enthält 121 µg pro 100 Gramm. Die Tagesdosis eines durchschnittlichen Erwachsenen beträgt 70 µg und damit sind beim Verzehr von 100 Gramm Brokkoli 173 % des Tagesbedarfes gedeckt (tabelle_brokkoli.pdf (zentrum-der-gesundheit.de, Stand 23.10.2021). Allerdings tun Sie Ihrer Gesundheit nichts Gutes, wenn Sie jeden Tag ein Kilo Brokkoli essen, obwohl dieser an sich sehr gesund ist. Hier würde sich der positive Effekt ins Gegenteil verkehren.

Vitamin C (Ascorbinsäure) ist ein Allrounder und den meisten von uns gut bekannt. In Verbindung mit Zink wirkt er stärkend auf das Immunsystem. Eine gute Zufuhr über Nahrung und gegebenenfalls über eine insolierte Gabe ist besonders in der dunklen und nassen Jahreszeit eine gute Unterstützung des Immunsystem bei der Abwehr von Viren und Bakterien. Vitamin C wirkt zellstärkend und ist hochdosiert zum Beispiel bei der Behandlung von Mastzellerkrankungen sehr wirkungsvoll. Bei der Einnahme von Vitamin C ist unbedingt die Nierenfunktion im Auge zu behalten. Da die Ausscheidung von Vitamin C über die Nieren erfolgt, besteht für Menschen mit Nierenunterfunktion eine Gefahr durch Überdosierung. Ascorbinsäure in hoher Konzentration kann zu einer vermehrten Bildung von Oxalsäure führen. Das erhöht das Risiko für Nierensteine.

Ein sehr guter Vitamin B6 Spiegel hilft beim beispielsweise beim Abbau von zu viel Histamin im Körper. Dieses Wissen ist dann wichtig, wenn jemand beispielsweise an einer erworbenen Histaminose leidet.

Es lohnt sich meines Erachtens unbedingt, sich mit der Wirkungsweise der verschiedenen Vitamine und Mineralstoffe auseinander zu setzen. Dieses Wissen ist wichtig zur Vorbeugung, aber auch zur unterstützenden Behandlung bereits bestehender Erkrankungen. Da dieses Thema zu komplex ist, möchte ich an dieser Stelle das Thema nicht weiter vertiefen, sondern mich nur noch mit der Bedeutung von Vitamin D3 beschäftigen. Das bedeutet nicht, dass die anderen, hier nicht angesprochen Stoffe nicht wichtig sind, sondern das Gegenteil ist der Fall.

Was mir sehr am Herzen liegt, ist die Versorgung mit D 3 (Cholecalciferol). Wie Sie vielleicht wissen, ist Vitamin D3 kein Vitamin, sondern ein Prohormon das sich in erster Linie durch ultraviolettes Licht, also Sonnenlicht bildet. Rund achtzig Prozent Vitamin D3 entwickelt sich durch UV-B-Strahlen. Um eine aktive Bildung von Vitamin D3 zu erreichen, bedarf es also der Sonneneinstrahlung in einer bestimmten Jahreszeit und in einem bestimmten Einfallswinkel auf die nackte und nicht mit Sonnenschutz eingecremten Hände und das Gesicht. Dies ist in unserer Gegend in nur wenigen Monaten im Jahr in der Mittagszeit möglich. Im Winter ist eine Bildung über die Haut aufgrund des Einfallswinkels des Sonnenlichtes und der Bekleidung des Körpers im Prinzip nicht möglich. Da muss das Vitamin auf andere Weise zugeführt werden. Fette Seefische (z. B. Aal, Thunfisch, Lachs, Heringe, Sardinen), sowie Eier und einigen Pilzsorten sind z. B. Vitamin D Lieferanten. Allerdings kann über die Nahrung in der Regel nicht ausreichend Vitamin D3 zugeführt werden. Daher sollte regelmäßig der Wert bestimmt werden und gegebenenfalls eine Substitution erfolgen.

Nun werden Sie sich sicher fragen, welcher Wert denn nun der richtige ist. Meines Erachtens nach ist diese Frage gar nicht so leicht zu beantworten. Die meiste Labore geben einen Referenzwert > 20 ng/ml an. Das würde theoretisch bedeuten, dass Sie z. B. im September mit einem Wert, der gerade etwas über >20ng/ml liegen würde, zwar nicht mehr labortechnisch im Mangel sind. Würden Sie dann die Auskunft Ihres Arztes bekommen: alles okay mit Ihrem Vitamin D3 Wert, wäre diese Aussage wäre zwar nach den labortechnischen Grenzwerten zumindest nicht falsch. Hierbei wäre aber nicht berücksichtigt, dass Sie durch fehlendes Sonnenlicht in den kommenden Monaten unweigerlich in den Mangel geraten, falls Sie Vitamin D3 nicht zusätzlich zuführen. Wäre diese Aussage Ihres Behandlers aber wirklich im Hinblick auf eine gute und ausreichende Versorgung und die Verhinderung eines Mangels richtig? Wohl eher nicht, wenn man es genau betrachtet.

Also führt in diesem Falle die reine Betrachtung des angegebenen Wertes nicht zu einer sachgerechten Beurteilung hinsichtlich einer guten bzw. ausreichenden Versorgung. Im Beispielsfall müsste meiner Meinung nach unbedingt über eine Zuführung von Vitamin D3 nachgedacht werden. Ein Wert unter 30 ng/ml kann schon zu einem Knochenumbau führen. Mediziner und Heilpraktiker, die ortholmolekulare Medizin praktizieren, gehen meist von einem deutlich höheren Bedarf an Vitamin D3 aus. Vitamin D3 ist für die Steuerfähigkeit des Organismus und den Erhalt der Knochengesundheit extrem wichtig. Ich habe leider die Erfahrung gemacht, dass viele Betroffene einen sehr niedrigen Wert aufweisen, der nicht als behandlungsbedürftig eingestuft wurde/wird. Ich habe den Eindruck, dass die Wichtigkeit eines ausreichend hohen Spiegels schlicht häufig übersehen wird und daher nicht rechtzeitig eine Substitution erfolgt.

Auf der Seite vom Universitätsklinikum Hamburg Eppendorf (UKE - Krankheitsbild - Vitamin-D-Mangel, Stand 21.10.2021) heißt es dazu: „Vitamin D gehört zu Gruppe der fettlöslichen Vitamine und spielt eine herausragende Rolle im Knochenstoffwechsel.

Der Körper kann Vitamin D nicht alleine produzieren, allerdings kann es unter Sonnenbestrahlung in der Haut gebildet werden. Vitamin D kann auch aus der Nahrung bezogen werden, jedoch enthalten nur wenige Nahrungsmittel nennenswerte Mengen an Vitamin D. Eine Vielzahl an Studien konnte zeigen, dass vor allem im Winter in Deutschland eine deutliche Unterversorgung bei einem Großteil der Bevölkerung besteht.

Ein ausgeprägter Vitamin D Mangel führt zu einer mangelhaften Knochenmineralisation und damit zum klinischen Bild der Osteomalazie."

Es lohnt sich also, sich mit dem Thema ausführlich zu beschäftigen. Ein Vitamin D3 Mangel kann zu vielen weiteren Erkrankungen führen. So wird dieser häufig unter anderem mit Knochenschmerzen, Depressionen, Schlafstörungen und Konzentrationsmangel in Verbindung gebracht. Diese Aufzählung ist nicht abschließend. Ein anhaltender Mangel kann auch Symptome ähnlich einer Demenz hervorrufen. Gerade bei alten Menschen und Menschen, die aufgrund verschiedener Ursachen kaum mehr das Haus verlassen, sollte man unbedingt an die Messung des Wertes denken und an eine anschließende Therapie.

Sollten Sie sich entscheiden, Defizite aufzufüllen, dann machen Sie dies mit Begleitung einer Fachkraft. Orthomolekular tätige Ärzte und Heilpraktiker kennen sich in der Regel sehr gut mit diesem Thema aus und können Sie entsprechend gut beraten. Einige Vitamine (z. B. Vitamin K und Vitamin A) können Wechselwirkungen haben und es muss sehr gut geschaut werden, wie es bei Ihnen genau damit aussieht und wie die Gabe bei Ihnen angepasst werden muss.

Warum habe ich Ihnen über Vitamin D3 recht ausführlich berichtet? Ganz einfach, ich möchte Ihnen damit ein Gefühl für die Bedeutung dieses Vitamins vermitteln und Sie ermuntern Ihren Arzt oder Heilpraktiker dazu zu befragen. Bei mir ist vor sehr vielen Jahren schon einmal festgestellt worden, dass ich sehr niedrige Vitamin D3 Werte aufweise. Dies wurde mir nach einer fachärztlichen Untersuchung wegen des Verdachtes einer rheumatischen Erkrankung (klingelt es bei Ihnen? Rheumatische Schmerzen= Schmerzen durch

Vitamin D3 Mangel!) so nebenbei mitgegeben und ich habe dies irgendwie zur Kenntnis genommen. In meiner Wahrnehmung hat sich das wohl nicht so richtig festgesetzt, zumal mir niemand damals etwas hierzu erklärt hat. Irgendwie hat es sich in meinem Bewusstsein „es ist halt ein Vitaminmangel, hast dich wohl gerade nicht so gut ernährt, wird sich schon wieder von alleine richten" festgesetzt und ich konnte für mich keinen Handlungsbedarf erkennen. Leider haben sich auch meine behandelnden Ärzte nicht weiter darum gekümmert und so gingen viele Jahre von schlechter, bis sehr schlechter Gesundheit ins Land. Ich habe mich in der Vergangenheit oft gefragt, ob es bei mir gesundheitlich anders gelaufen wäre, wenn ich zum damaligen Zeitpunkt das gewusst hätte, was ich heute weiß und entsprechend danach gehandelt hätte.

Ich denke schon, dass mir einiges erspart geblieben wäre. Ich habe über viele Jahre die Bedeutung einer guten Versorgung schlichtweg verkannt und zwar aus reinem Unwissen.

Also bitte behandeln Sie in Ihrem eigenen Interesse dieses Thema mit der gebotenen Sorgfalt und zollen diesem Kapitel die Aufmerksamkeit, die es verdient.

„Deine Nahrungsmittel seien deine Heilmittel"
Hippokrates

Kapitel 7: Trinken

Warum gibt es denn ein eigenes Kapitel über etwas so Selbstverständliches wie das trinken, werden Sie sich vielleicht fragen? Nun ja, trinken ist zwar für den Organismus lebenswichtig, aber dennoch ist die Versorgung von intrazellulärem Wasser (= Wasser, was in den Zellen ankommt) bei vielen Menschen, trotz scheinbar ausreichender Trinkmenge ungenügend.

Um zu verstehen, wie das Wasser da ankommt, wo es gebraucht wird (nämlich in den Zellen), schauen wir uns einige Fakten an: Wie wir alle wissen, besteht der Mensch überwiegend aus Wasser. Die Aufnahme von (genügend) Wasser kurbelt einerseits unseren Stoffwechsel an und sorgt andererseits dafür, dass Abfallstoffe aus dem Organismus gespült werden. Wasser ist beispielsweise auch beim Abbau von zu viel Histamin im Körper beteiligt. Falls Sie also am Abend vorher beim Chinesen (häufig verwendetes Glutamat) oder Italiener (Tomaten, gereifter Käse, Rotwein= hohe Gehalte an Histamin) essen waren und danach Kopfschmerzen oder sonstiges Unwohlsein bekommen haben, könnte das am Zuviel an Histamin liegen, dass Sie über die Nahrung oder Getränke aufgenommen haben. Den Prozess der Regeneration können Sie unterstützen, indem Sie ausreichend Wasser trinken.

Ich habe einmal geschaut, wo ich eine kurze und knackige Zusammenfassung zu diesem Thema finden konnte. Fündig geworden bin ich auf den Seiten der Technikerkrankenkasse TK, Stand 23.07.2020: Warum Wasser für unseren Körper so wichtig ist | Die Techniker (tk. de) : „Ohne Wasser läuft nichts"

Der erwachsene Mensch besteht zu etwa 50 bis 65 Prozent aus Wasser, der Körper eines Säuglings enthält sogar 70 bis über 80 Prozent Wasser. Ohne einen regelmäßigen Nachschub an Flüssigkeit kann unser Körper nicht funktionieren.

Wasser erfüllt für alle Lebensvorgänge im Körper wichtige Aufgaben:

- Als Bestandteil von Zellen und Geweben formt Wasser den Körper

- Wasser ist wichtig für den Flüssigkeitshaushalt

- Wasser löst die festen Bestandteile der Nahrung wie Zucker, Salz, einen Teil der Vitamine und Mineralstoffe und trägt die gelösten Nährstoffe zu den Zellen

- Wasser ist das Kühlmittel des Körpers. Bei großer Hitze oder Sport verhindert starkes Schwitzen, dass die Körpertemperatur ansteigt. Der Schweiß verdunstet, dabei wird Wärme frei und die Haut kühlt ab

- Wasser lässt Ballaststoffe quellen

Treibstoff für die Nieren

Wasser ist zudem ein wichtiges Transportmittel für Ausscheidungsprozesse. So werden beispielsweise durch unsere Nieren täglich etwa 1700 Liter Blut gereinigt. Wie in einer Kläranlage werden wertlose oder schädliche Abfälle herausgefiltert und über den Harn abgegeben. Das saubere Blut fließt über den Blutkreislauf wieder zurück. Ebenso gibt die Haut beim Schwitzen, die Lunge beim Atmen und der Darm beim Verdauungsvorgang Wasser ab. Ein gesunder Erwachsener verliert circa zwei bis drei Liter Körperflüssigkeit pro Tag.

Der Flüssigkeitshaushalt muss regelmäßig aufgefüllt werden, damit die lebensnotwendigen Stoffwechselvorgänge uneingeschränkt ablaufen können. Über Nahrungsaufnahme und Getränke kann der Bedarf gedeckt werden. Ohne Flüssigkeit könnten wir nur circa drei Tage überleben.

Durststrecken vermeiden:

Überraschenderweise treten die Wasserverluste nicht unmittelbar nach dem Auftreten des Flüssigkeitsverlustes, sondern am stärksten am Folgetag auf. Es bringt also nichts, am Abend mehr zu trinken, um die Verluste des Tages auszugleichen. Wichtig ist eine ausgewogene Flüssigkeitszufuhr, die sich über den ganzen Tag verteilt.

Häufig verwechselt man auch das Hungergefühl mit dem Durst. Dies kann vor allem passieren, wenn Menschen nicht ganz bewusst auf ihre Flüssigkeitszufuhr achten. Hunger und Durst äußern sich mit ähnlichen Anzeichen. Wenn Menschen dann ausreichend trinken, essen sie automatisch weniger."

Soweit die Ausführungen der Technikerkrankenkasse hierzu. Dennoch müssen wir uns noch einige Punkte etwas genauer anschauen, finde ich.

Viele Menschen trinken einfach nicht genügend und wenn, dann nicht das Richtige! Wichtig ist zunächst, sich klarzumachen, dass der Körper WASSER!!!! benötigt, um die oben beschriebenen Vorgänge optimal erfüllen zu können. Und da hakt es schon bei sehr vielen. Sehr viele Menschen verwechseln trinken mit einer genügenden Wasseraufnahme. Das Trinken von Cola, Kaffee, Energydrinks, Alkohol und Co ersetzt nicht das Trinken von Wasser. Dies ist vielen Menschen schlicht nicht bewusst. Hier gilt es, zunächst einmal ein Bewusstsein dafür zu schaffen, dass nur die ausreichende Aufnahme von Wasser alle Stoffwechselvorgänge im Körper erfüllen kann.

Zum Thema auffinden des richtigen Wassers und der richtigen Trinkmenge lassen sich viele Seiten füllen. Darauf möchte ich verzichten und nur einige wenige Hinweise geben:

Eine etablierte Faustregel zur Berechnung der richtigen Trinkmenge lautet: 35 ml pro Kilogramm Körpergewicht. Nehmen wir an, unsere Beispielperson wiegt 70 Kilogramm. In diesem Fall multipliziert man 70 kg x 35 ml. Das Ergebnis lautet 2450 ml, also knapp 2,5 Liter.

Abb. 4

Hilfreich ist es, sich diese Trinkmenge morgens (falls möglich) bereitzustellen. So hat man immer im Blick, was man über den Tag verteilt noch trinken sollte. Einen Kurzzeitwecker zu stellen, der einen stündlich daran erinnert, ein Glas Wasser zu trinken, ist ebenfalls hilfreich. Wichtig ist es, den Wasserbedarf möglichst gut zu verteilen, da ansonsten zwar die Nieren gut gespült werden, aber nicht genügend Wasser in den Zellen ankommt.

Es versteht sich eigentlich von selbst, daran zu denken, an heißen Tagen mehr zu trinken, da Wasser ja auch über eine Kühlfunktion verfügt und damit Wasser bei der Kühlung „verloren geht". Der Wasserbedarf erhöht sich auch, wenn Sie Sport treiben. Bitte denken Sie daran, ein entsprechendes Mehr an Wasser zu trinken. Wie Sie das Mehr an Wasser berechnen können, erfahren Sie zum Beispiel über Rechentabellen im Internet, die die Art der sportlichen Aktivität, die Dauer und die Umgebungstemperatur berücksichtigen.

Bei Ihren Wasserwerken können Sie mehr über die Qualität Ihres örtlichen Trinkwassers erfahren. Man muss nicht zwingend teures Wasser im Supermarkt zu kaufen.

Auf youtube habe ich einen guten Beitrag zum Thema Wasser und Schlaf gefunden: „Stoppe das! Es schadet deinem Gehirn", von Psychologie im Alltag (Stand 28.05.2022)

Den Beitrag findet man, indem man den Titel in die Suchfunktion eingibt

Fazit: Die genügende Aufnahme von Wasser ist für das reibungslose Funktionieren des Organismus lebenswichtig!

„Stille deinen Durst mit Wasser, deinen Wissensdurst mit Informationen und den Durst deines Gewissens mit Wahrheit." Verfasser unbekannt

Kapitel 8: Sport und Bewegung!

Wie Ihnen vielleicht aufgefallen ist, steht hinter der Kapitelüberschrift ein Ausrufezeichen. Und das ist nicht umsonst dort. Auch jetzt höre ich Sie schon wieder stöhnen. Ich höre genau, wie Sie sagen, ich bin zu krank für Sport, ich habe keine Zeit für Sport, bin total unsportlich und und und.... Und ja, mit der Aussage wie wichtig Sport ist, hole ich immer noch niemanden vom Sofa. Ging mir ja auch ähnlich.

Nun, das mag ja alles stimmen, dennoch geht kein Weg an Sport und Bewegung vorbei. Keine Angst, ich werde Sie nicht dazu überreden, im nächsten Jahr den Marathon in Berlin laufen zu wollen. Ich möchte Ihnen gerne nur ein paar Fakten liefern und Sie ermuntern, Ihre Sichtweise ein klein wenig zu ändern, damit Sie in die Bewegung kommen können. Und am Ende des Kapitels werden Sie sehen, egal wie krank Sie auch sind, wie wichtig es ist, sich zu bewegen. Und das werden Sie auch schaffen, versprochen!

Schauen wir uns doch erst einmal einige Fakten an. Dazu habe ich mit freundlicher Genehmigung des Mastozytose e. V. das Plakat zu diesem Thema eingefügt. Es zeigt kurz, knapp und prägnant die Vorteile von Sport und Bewegung. Viel mehr möchte ich auch gar nicht dazu sagen, weil es grundsätzlich als Erklärung reicht, wie ich finde.

MASTOZYTOSE e.V.

Sport/Entspannung

Aktiv zu mehr Vitalität

Vorteile von Sport:
- regt Durchblutung an
- reguliert Puls und Atmung
- senkt den Blutdruck
- hält Gefäße flexibel
- erhöht die Sauerstoffzufuhr
- reduziert Stress
- macht glücklich
- macht selbstbewusst und stark
- trainiert das Gehirn
- lindert Angst
- macht produktiv
- verbindet
- trainiert das Gleichgewicht
- beugt Stürzen vor
- aktiviert die Abwehrkräfte

>> Bleiben Sie fit:
- langsam starten
- regelmäßig dranbleiben

www.**Mastozytose**.de

Abb. 5

So, nun haben Sie schon einige Fakten gesehen, die unbedingt für Sport sprechen. Was hindert Sie und mich daran, endlich damit zu beginnen?

Bei mir ist es und war es auch immer schon ein recht großes Tier namens Innerer Schweinehund. Na ja, vielleicht eher auch Inneres Schweinemamut, so groß wie das Vieh mir manchmal erscheint. Dieses hat mich immer schon ganz schön fest im Griff gehabt. Immer wenn ich mir gedacht habe, ich müsste jetzt mal endlich, sollte jetzt mal endlich.... ‚schrie es auf und brüllte: „was, jetzt willst du wirklich raus und los???? Ich bin total müde, mir geht es furchtbar schlecht und außerdem ist das Wetter total Scheiße“. Und das, egal welches Wetter gerade herrschte. Meinem Schweinevieh war es immer zu heiß, zu kalt, zu nass, zu hell, zu dunkel....

Kennen Sie das, ist Ihr Schweinehund vielleicht eng mit meinem verwandt? Wie schaffen wir es also, den Schweinehund an die Leine zu legen und uns auf die Hunderunde mit dem Schweinehunde zu begeben? Ganz einfach, wir machen uns die Erkenntnisse der modernen Psychologie zunutze. Diese besagen, das Ziele leichtern zu erreichen sind, indem wir sie mit Wenn-Dann-Beziehungen verknüpfen. Das heißt, ich sage nicht: "heute müsste ich mal dringend damit beginnen, mich mehr zu bewegen“, sondern Sie formulieren das z. B. so: „heute Mittag, nachdem ich gegessen und mich 20 Minuten ausgeruht habe, werde ich einen Spaziergang von 15 Minuten in den Park machen“. Diese Verknüpfung erleichtert es uns, uns an das Vorhaben auch tatsächlich zu halten. Oder eine Formulierung kann so lauten: „Nach Feierabend, ziehe ich meine Sportschuhe an und gehe zügig mit dem Hund um den Block.“ Egal für welche Formulierung Sie sich entscheiden, es wird Ihnen beim Starten in die Bewegung und beim Dranbleiben auf jeden Fall helfen. Mir hat zudem sehr geholfen, mir eine Fitnessuhr zuzulegen. Das motiviert ungemein und man kann gut Fortschritte erkennen. Bei einem Blick auf die bereits geleisteten Schritte habe ich dann oft gedacht: noch eine kleine Runde mehr, dann hast du die und die Schritte heute erreicht.

Abb. 6

Komm, das schaffst du noch, damit übertriffst (oder hältst) du das Ziel der vergangenen Tage. Es gibt viele Möglichkeiten, sich da zu unterstützen. Ich persönlich komme gut mit meiner Fitnessuhr zurecht. Mit Hilfe der dazugehörigen App kann man schnell und gut einen Verlauf erkennen und das finde ich sehr motivierend. Aber es gibt auch andere Möglichkeiten, zum Beispiel nur einen Schrittzähler auf dem Handy zu installieren. Suchen Sie sich das aus, was zu Ihnen passt.

Wichtig ist auch, dass Sie sich realistische Ziele setzten. Diese müssen an Sie und Ihre aktuelle Situation angepasst sein. Es kommt nicht auf das Ergebnis an, sondern darauf, dass Sie endlich beginnen! Für einen bettlägerigen Menschen ist es ein großer Erfolg, wenn er beginnt, die Gliedmaßen zu strecken und im Liegen einige kleinere Bewegungsübungen zu machen.

Nach und nach kann man die Ziele anpassen und erweitern. Jedes Mehr an Bewegung ist ein riesig großer Schritt im Hinblick auf mehr Gesundheit und Lebensfreude! Wir sollten uns vor Augen halten, dass Leben Bewegung ist. Diese eigentlich simple Tatsache vergessen wir oft und sie entfällt gerade dann aus unserem Blickwinkel, wenn es uns nicht gut geht oder wir gar ernsthaft erkrankt sind. Gerade da ist oft das Denken verinnerlicht: ich weiß ja, wie wichtig Bewegung ist und ich werde damit beginnen, wenn es mir wieder besser geht. Aber genau das ist grundverkehrt:

DAMIT ES IHNEN ENDLICH BESSER GEHEN KANN, MÜSSEN SIE IN DIE BEWEGUNG KOMMEN!

Das habe ich erst nach langer Zeit der Erkrankung verstanden und dann ganz langsam angefangen. Mir hat dieses Wissen dabei wirklich geholfen und mich dabei unterstützt, zu beginnen und dran zu bleiben, auch wenn ich mich auch noch so schwach und schlecht gefühlt habe. Am Anfang hat sich nur in winzig kleinen Schritten etwas geändert, aber das ist okay so! Nach und nach waren die Veränderungen spürbar.

„Der härteste Schritt zur Fitness ist der erste. Nimm ihn jetzt!" Heather Montgomery

Kapitel 9: Schlaf

Schlaf ist der Zustand äußerster Ruhe und Entspannung bei Menschen und Tieren. Er verläuft in mehreren, sich abwechselnden Phasen. Im Schlaf regeneriert der Organismus und es laufen verschiedene Reparaturprozesse ab. Die ideale Schlafdauer scheint bei ca. 7 bis 9 Stunden zu liegen. Der REM (Rapid Eye Movement) Schlaf ist beispielsweise für unsere mentale Gesundheit sehr wichtig, da hier die Ereignisse des vergangenen Tages verarbeitet werden. Die Tiefschlafphase dient der körperlichen Erholung und ist extrem wichtig für die Regeneration des Organismus. Hier laufen die meisten Reparaturprozesse ab. Wacht man morgens erfrischt und erholt auf, war diese Phase besonders wirkungsvoll und lang in der vergangenen Nacht. Etwa alle 90 Minuten wechseln die einzelnen Schlafzyklen. Es gibt auch noch die Leichtschlafphasen, die zwischen REM und Tiefschlaf liegen.

Viele Menschen leiden unter Schlafproblemen. Hier ist es wichtig, die Schlafsituation noch einmal genau zu betrachten, Probleme zu erkennen und gegebenenfalls Schwachstellen zu beseitigen. Sie alle haben sicher schon einmal gehört, dass das Schlafzimmer nicht zu warm sein soll. Die ideale Temperatur liegt zwischen 16 und 19 Grad. Dann sollte das Schlafzimmer ein Ort der Ruhe und Erholung sein. Bügelbrett, Wäschekörbe, Staubsauger, elektrische Geräte und co gehören nicht in diesen Raum! Bei der Einrichtung und Dekoration des Zimmers empfiehlt es sich, eher sparsam und dafür von guter Qualität vorzugehen. Eine gute Matratze und gutes Bettzeug, welches über eine hohe Saugfähigkeit, Luftdurchlässigkeit verfügt und schnelltrocknend ist, sind Vorrausetzungen für einen erholsamen Schlaf.

Leider hat sich in den letzten Jahren die Unsitte breit gemacht, das Handy während der Nacht auf den Nachttisch zu legen. Wenn Sie nicht darauf verzichten können, schalten Sie wenigsten das WLAN während der Nacht aus. Auf Blaulicht sollten Sie am Abend mindestens 1 Stunde vor Beginn der Nachtruhe verzichten. Blaulicht wird von Bildschirmen erzeugt und hält uns künstlich wach. Entweder Sie schalten den Blaulichtfilter am Handy und Ihren anderen Geräten ein, oder Sie verzichten am besten mindestens 1 Stunde vorher ganz auf die Benutzung der Geräte.

Abb. 7

Mir hilft es sehr gut, wenn ich am Abend noch einen kleinen und ganz ruhigen Spaziergang mache. Ich genieße dann, wenn es still und ruhig ist und man die hereinbrechende Nacht fühlen kann. Dabei noch einige bewusste Atemzüge und ich merke, wie der Körper allmählich zur Ruhe kommt. Übrigens lohnt es sich, einen Blick auf die abendliche Trinkmenge zu werfen, wenn man Probleme mit dem Durchschlafen hat, weil man häufig nachts die Toilette aufsuchen muss.

Dann ist es ratsamer, bis 20 Uhr die tägliche Trinkmenge aufgenommen zu haben, damit der nächtliche Schlaf nicht durch häufige Toilettengänge gestört wird.

Die Zirbe gilt als gute Unterstützerin eines erholsamen Schlafes. Seit einigen Jahren ist ein kleines Zirbenkissen im Bett meine Bettgenossin. Schauen Sie sich mal im Netz und im Fachhandel um. Ich kann das nur empfehlen.

Fazit: guter Schlaf ist für eine Regeneration des gesamten Organismus äußerst wichtig und die Voraussetzungen dafür müssen gegeben sein.

„Drei Dinge helfen, die Mühseligkeiten des Lebens zu tragen: Die Hoffnung, der Schlaf und das Lachen." Immanuel Kant

Kapitel 10: Atmung

Wie, warum sollen wir uns mit der Atmung beschäftigen? Wir atmen doch automatisch und müssen uns nicht darum kümmern. Oder, vielleicht doch? Wie kann uns etwas so Selbstverständliches wie das Atmen bei unserer Gesundheit oder vielleicht auch schon in der Krankheit unterstützen? Nun dann schauen wir mal, ob wir gemeinsam etwas Neues entdecken.

Die meiste Zeit atmen wir nicht richtig. Wir atmen zu flach und nicht in den Bauch hinein. Das hat gravierende Folgen für unsere Gesundheit und unser Wohlbefinden. Dabei hilft uns richtiges Atmen, Stress abzubauen und den Vagusnerv zu aktivieren. Der Vagusnerv wird auch als Wohlfühlnerv bezeichnet.

„Der paarige Nervus vagus, kurz Vagus, wird auch zehnter Hirnnerv genannt. Er ist der größte Nerv des Parasympathikus und an der Regulation der Tätigkeit fast aller inneren Organe beteiligt". *Quelle: de.wikipedia.org/ wiki/Nervus_vagus, Stand 28.05.2022*

Ich habe mal geschaut, was kluge Köpfe vom Atmen zu berichten haben. Dabei bin ich auf die Seite der AOK gestoßen, die eine gute Einführung zu diesem Thema hat: Richtig atmen: Atemübungen für mehr Ruhe und Entspannung (aok.de), *Stand 28.05.2022:*

„Tief durchatmen"

Wenn die Gedanken kreisen, weil uns Sorgen plagen oder wir mitten in einer Prüfungssituation stecken, fällt es uns schwer, richtig zu atmen – uns bleibt regelrecht die Luft weg. Wir atmen flach und oberflächlich, fühlen uns energielos oder bekommen Kopfschmerzen, weil der Körper nicht ausreichend mit Sauerstoff versorgt wird. Gerade dann kann uns ein tiefer Atem wieder entspannen und neue Energie schenken. Aber nicht nur in nervenaufreibenden Situationen fällt es uns schwer, richtig zu atmen. Auch im Alltag nutzen wir meist nicht unser gesamtes Lungenvolumen. Doch wie sieht richtiges Atmen eigentlich aus?

Die richtige Atemtechnik

Grundsätzlich gilt: Wer durch die Nase atmet, atmet ruhiger und länger. Man unterscheidet außerdem zwischen der Bauch- und Zwerchfellatmung einerseits und der Brustatmung andererseits – zwischen der richtigen und der falschen Atemtechnik:

Die Brust- und Schulteratmung: Atmet man kurz und flach, liegt es daran, weil nur der Brustkorb und die Schultern an der Atmung beteiligt sind. Anstatt das gesamte Lungenvolumen zu benutzen, wird lediglich der obere Teil der Lunge mit Sauerstoff versorgt. Müdigkeit, Kopfschmerzen und Konzentrationsschwierigkeiten können Folgen dieser Atmung sein. Sogar Angst und Panik können sich durch diese oberflächliche Atmung verschlimmern.

Die Bauch- und Zwerchfellatmung: Ist von richtiger Atmung die Rede, ist diese Atemtechnik gemeint. Man bezeichnet sie auch als „Vollatmung", da der ganze Brust- und Bauchbereich an der Atmung beteiligt ist und das gesamte Lungenvolumen genutzt wird. Beim Einatmen schiebt sich das Zwerchfell in den Bauchraum, der sich infolge dessen nach außen wölbt. Mit dieser Atemtechnik nimmt der Körper am meisten Sauerstoff auf. Aus dem Bauch heraus atmet man jedoch oft nur bei körperlicher Anstrengung oder Atemnot – denn dann gilt es, den Körper mit viel Sauerstoff zu versorgen. Richtig atmen lernen – mit diesen drei Atemübungen

Übung 1: Atmung ertasten

Legen Sie Ihre Hände auf die Brust und achten Sie darauf, wie sich der Brustkorb beim Atmen hebt und senkt. Danach fühlen Sie mit den Händen auf dem Bauch, wie er sich bei der Atmung mitbewegt. Legen Sie Ihre Hände schließlich seitlich an die unteren Rippen und spüren Sie, wie sich die Rippen beim Atmen nach außen schieben. Bei der Vollatmung, der idealen Form der Atmung, kommt es in allen drei Gegenden zu deutlich spürbaren Bewegungen.

Übung 2: „4711"

Die Atemübung „4711" kann man sich nicht nur gut merken, sie ist auch einfach. Setzen oder legen Sie sich entspannt hin. Atmen Sie 4 Sekunden ein und 7 aus. Das wiederholen Sie 11 Mal. Die Übung entschleunigt und kann daher auch helfen, wenn Sie Probleme mit dem Einschlafen haben.

Übung 3: „Bhramarin - Bienensummen"

Die Übung „Bienensummen" kommt aus dem Yoga und heißt dort Bhramarin. Summen Sie beim Ausatmen mit geschlossenen Lippen wie eine Biene. Die Vibration in den Resonanzräumen von Nacken, Brust und Kopf sorgt für eine bessere Durchblutung und die Entspannung von Körper und Geist.

So geht's:

1. Setzen Sie sich aufrecht hin.

2. Verschließen Sie beide Ohren mit den Daumen. Die restlichen Finger können den Kopf sanft umschließen.

3. Beobachten Sie Ihren Atem für einige Atemzüge.

4. Summen Sie anschließend beim Ausatmen wie eine Biene. Dabei lassen Sie Ihre Lippen vibrieren. Stellen Sie sich vor, Sie spielen Trompete.

5. Summen Sie mehrere Male und spüren Sie danach, wie sich Körper und Geist anfühlen

Ein gezieltes Atemtraining hilft dabei, die Atmung dauerhaft zu verbessern. Führen Sie die Übungen regelmäßig durch, werden Sie im Alltag stärker darauf achten, tiefere, gleichmäßige Atemzüge zu nehmen. Dadurch stellt sich der gewünschte Effekt ein: Sie werden langfristig an innerer Ruhe und Ausgeglichenheit gewinnen. Atemübungen sind nämlich zugleich auch die simpelsten und effektivsten Entspannungstechniken."

Soweit die wirklich guten und hilfreichen Ausführungen der AOK zu diesem Thema. Im Internet und bei Youtube finden Sie noch weitere und kostenlose Veröffentlichungen und Videos dazu. Die obige Aufzählung ist nur begrenzt, es gibt noch viele weitere Tipps, Anregungen und Anleitungen zum richtigen Atmen und der Aktivierung des Vagusnerves. Fragen Sie doch einmal bei Ihrer Krankenkasse nach, ob es bei Ihnen in der Nähe einen Kurs gibt, in dem Sie mit Gleichgesinnten richtiges Atmen erlernen können. Das macht Spaß und motiviert. Übrigens ist es auch bei Schmerzen sehr hilfreich, in den Schmerz hinein zu atmen. Das kostet am Anfang etwas Überwindung, aber wenn man es einige Male gemacht hat, fühlt man schnell die heilende Kraft des richtigen Atmens. Das kann so gut wirken, wie eine Schmerztablette.

Kräftiges Gurgeln mit kaltem Wasser stimuliert ebenfalls sehr wirkungsvoll den Vagusnerv und hilft dem

Körper zur Ruhe und in einen guten Atemfluss zu kommen. Den Vagusnerv kann man auch wie folgt aktivieren: durch die Nase tief einatmen über den Mund mit einem deutlich hörbaren „M" ausatmen, dann wieder über die Nase einatmen und auf ein lautes „A" ausatmen. Zum Schluss wieder über die Nase einatmen und laut auf ein „U" ausatmen. Das Ganze wiederholen Sie zweimal täglich für ungefähr 10 Minuten. Sie werden merken, dass durch die Vibrationen in Ihrem Körper und die tiefe Atmung eine fühlbare Entspannung einsetzt. Eine Stimulierung des Vagusnervs ist gerade auch bei Angst- und Panikattacken äußerst wirkungsvoll. Sie können eine Aktivierung auch erzielen, indem Sie die Augen und den Mund weit aufreißen und dabei laut lachen. Die dabei benutzten Muskeln führen zu einem direkten Ansprechen des Vagusnerves.

Unter anderem auf diesem Prinzip basiert auch Lachyoga. Sind Sie sich nicht sicher, ob diese Übungen für Sie geeignet sind, fragen Sie im Zweifel Ihren Arzt.

Abb. 8

Wie wir in diesem Kapitel gesehen haben, lohnt es sich, sich mit so etwas Alltäglichem und bisher nicht wahrgenommen, dem Atem, zu beschäftigen. Denn unseren Atem haben wir immer dabei und können durch gezielte Technik diesen für unser Wohlbefinden nutzen!

Fazit: Durch tägliches Atemtraining lassen sich Gesundheit und Wohlbefinden erheblich steigern! Richtiges Atmen ist erlernbar, kostenlos und jederzeit möglich!

„Wenn der Atem unruhig ist, ist alles unruhig; wenn der Atem still ist; ist alles still. Kontrolliere den Atem vorsichtig. Einatmung gibt Kraft und Körperbeherrschung; Atem anhalten bringt Gelassenheit und ein langes Leben; Ausatmung reinigt Körper und Geist." Goraasathakam

Kapitel 11: Waldbaden

Jetzt kommen wir endlich zu einem Kapitel, auf das ich mich besonders freue: dem Waldbaden. In letzter Zeit hört man öfters davon, dennoch ist dieses Thema leider immer noch nicht so präsent, wie es das einfach verdient hätte.

Wir alle fühlen instinktiv, dass es uns guttut, wenn wir im Wald oder einem Park spazieren waren. Doch was ist das genau und wie können wir diese Effekte zielgerecht nutzen?

Als erstes schauen wir uns an, was denn mit Waldbaden überhaupt gemeint ist:

Der BVWB schreibt auf seiner Internetseite Startseite – Bundesverband Waldbaden e.V. (BVWA) (bundesverband-waldbaden.de), Stand 28.05.2022 dazu:

„Waldbaden ist ein Naturschutz- und Gesundheitskonzept

...aus Japan, dort Shinrin Yoku genannt, das in Deutschland immer stärker an Bedeutung gewinnt. Waldbaden meint einen bewussten Aufenthalt im Naturraum Wald, der der mentalen und körperlichen Gesundheit dient und das Bewusstsein für die Bedeutung der Natur und insbesondere des Waldes stärken soll und so aktiv zum Naturschutz beiträgt."

Dieses und noch viel mehr finden Sie auf der Seite des Bundesverbandes Waldbaden.

Aber was genau ist mit Waldbaden gemeint? Wie „badet" man denn im Wald?

Es gibt keine strenge Regel, die man befolgen muss. Jeder muss seinen Weg finden, der ihm guttut. Es geht darum, den Wald mit allen Sinnen zu erleben. Hierfür ist es wichtig, sich ausreichend Zeit dafür zu nehmen und dafür zu sorgen, dass man nicht abgelenkt wird, damit die positive Energie des Waldes zum Tragen kommt. Bereits 20 Minuten haben einen nachweislich positiven Effekt auf den Organismus. Je länger man sich um Wald aufhält, desto stärker sind die Effekte.

Abb. 9

Ich bleibe oft stehen, schaue mich ganz bewusst im Wald um und mache immer wieder Atem- und Achtsamkeitsübungen. Anleitungen hierfür findet man überall und es ist einfach von jedem zu lernen. Gerne setze ich mich auch auf eine Bank und betrachte die Umgebung und höre auf die verschiedenen Geräusche des Waldes und der Tiere und nehme die verschiedenen Gerüche in mich auf. Auch die wechselnden Farben und Strukturen der Umgebung nehme ich bewusst in mich auf. Es geht also in erster Linie um Achtsamkeit und Bewusstheit. Sollte kein Wald in der Nähe sein, funktioniert das im Prinzip auch in einem Park oder Garten.

Wie unterscheidet sich Waldbaden vom Wandern?

Beim Wandern geht es darum, bewusst etwas aktiv für die Gesundheit zu machen. Hier wandert man weite Strecken über einen langen Zeitraum. Wandern zählt zu den gemäßigten Sportarten. Beim Waldbaden dagegen ist weder die zurückgelegte Strecke, noch eine lange Zeit auschlaggebend. Um zu wandern, benötigt man eine bestimmte körperliche Fitness, Waldbaden dagegen kann jeder unabhängig von seiner körperlichen Verfassung.

Welchen Effekt kann man mit Waldbaden erzielen?

Die Effekte sind vielfältig, wie zahlreiche Studien belegen konnten. Die Atmung verbessert sich, Herz- und Kreislauf werden positiv beeinflusst. Der Wald ist allergiearm und sauerstoffreich. Zudem werden ätherische Öle und Duftstoffe abgegeben, die das Immunsystem stärken und den Stressabbau fördern. Die Anzahl der Krebskillerzellen, der entzündungshemmenden Stoffe und der Anti-Aging-Proteine im Blut steigt an und der Cortisolspiegel wird beeinflusst. Das wiederum hat Auswirkungen auf das Hormonsystem. Die im Wald vorhandenen Stoffe tragen zu unserem Zellschutz bei. Weiterhin wird der Wach- Schlafrhythmus positiv beeinflusst, der Energieverbrauch gesenkt und Stress abgebaut.

Mich fasziniert am meisten, dass das Ökosystem des Waldes in direkter Weise nicht nur miteinander, sondern auch mit dem menschlichen Immunsystem kommunizieren kann. Die im Wald vorhandenen Terpene, Pilze und Bakterien haben einen direkten Einfluss auf den Menschen. Das erklärt zum Beispiel auch, warum der Gang in den Wald nach einem Regenguss wie ein

Immunboost wirkt. Die elektrische Ladung der Sauer-stoffmoleküle verändert sich und beim Gehen über den feuchten Waldboden werden Bakterien und Pilze aufge-wirbelt. In Japan zum Beispiel ist das Thema Waldba-den, dort „Shinrin Yoku" genannt, was so viel wie Baden in der Atmosphäre des Waldes bedeutet, ein separates Studienfach und gehört dort zur Gesundheitsvorsorge. Aber auch hier in Deutschland beschäftigt man sich im-mer mehr mit den positiven Effekten des Waldbadens. Es gibt auch hier immer mehr interessante Ansätze, dies aktiv zum Beispiel in der Gesundheitsfürsorge zu nutzen.

Welche Vorteile bringt das Waldbaden für chronisch kranke Menschen? Welche „Probleme" löst es?

Ein großes Problem von chronisch kranken Menschen ist häufig die Vielfalt von Problemen. Viele Erkrank-te sind massiv in ihrer Lebensqualität eingeschränkt, nicht selten bis zur Invalidität. Es gibt häufig nicht DIE Therapie, die allen gleichgut hilft. Dies führt zu Ohn-machtsgefühlen, Resignation und starkem Stress bei den Betroffenen. Es ist unbestritten, dass Stress in jeg-licher Form als starker Trigger gilt, was sich negativ auf den Organismus auswirkt und zum Beispiel direkt zur Degranulation von Mastzellen führen kann. Durch Waldbaden gibt es aber ein Mittel, was jeder für sich unabhängig vom körperlichen Zustand nutzen kann. Hierdurch wird die Eigenkompetenz gestärkt und es er-folgt eine direkte und nachweisbare Beeinflussung des Immunsystems. Das halte ich für einen ganz wesentli-chen Effekt gerade unter dem Aspekt der häufig nicht zufriedenstellenden medikamentösen Therapie. Viele Betroffene sind aufgrund Ihres Zustandes nicht in der Lage, sich ausgiebig sportlich zu betätigen. Damit fällt dieser Bereich als aktive Beeinflussung der eigenen Gesundheit weg. Durch Waldbaden kann aber dennoch etwas ganz aktiv und vor allem auch nachweislich für die eigene Gesundheit getan werden. Die Betroffenen erleben sich nicht mehr als machtlos und ihrer Krankheit ausgeliefert, sondern als machtvoll und kompetent. Dies hat wiederum einen direkten Einfluss auf die Selbstheilungskräfte des Körpers. Ich selbst bin mittlerweile davon fest überzeugt, dass eine Heilung und/oder Besserung einer Erkrankung nur dann gelingen kann, wenn verschiedene Ebenen sinnvoll miteinander verknüpft werden können. Dies bedeutet für mich, dass die behandelnden Ärzte mit dem inneren Arzt kommunizieren müssen. Waldbaden aktiviert die Selbstheilungskräfte und damit den inneren Arzt und trägt zur Besserung dieser chronischen und nicht heilbaren Erkrankung bei. Die Lebensqualität lässt sich hiermit erheblich positiv beeinflussen.

Zur Heilkraft des Waldes gäbe es noch so viel mehr und Spannendes zu entdecken, doch das würde leider den Rahmen dieses Buches sprenge. Falls Ihnen dieses Kapitel gefallen hat, besorgen Sie sich unbedingt Literatur hier zu. Mittlerweile gibt es einige gute und lesenswerte Bücher zu diesem Thema.

Fazit: Regelmäßige Aufenthalte im Park oder im Wald wirken wie ein Immunboost

„Der Wald gehört zu den besten Tankstellen, wo man seine Batterien wieder aufladen kann." Ernst Fertl

Kapitel 12: Die Macht der Gedanken

Ein ebenfalls sehr spannendes Thema ist die Macht der Gedanken. Das, was wir bewusst denken, ist wie die Spitze eines Eisberges. Der erheblich größere Teil unseres Denkens ist wie der nicht sichtbare Teil des Eisberges. Verrückt, nicht wahr? So spontan würde man doch eher denken, wir haben die Kontrolle über unsere Gedanken und wissen immer, was wir denken. Wie wir aber gerade erfahren haben, ist dies gar nicht so, sondern unser Denken ackert quasi den größten Teil des Tages so ohne unser Wissen vor sich her.

Quantenforscher haben herausgefunden, dass Menschen durchschnittlich ca. 60.000 bis 80.000 Gedanken pro Tag haben. Als ich das erste Mal von dieser enormen Fülle erfahren habe, konnte ich es zunächst gar nicht glauben. Das meiste, was wir denken, sind Wiederholungen, die unbewusst ablaufen. Das ist auch einerseits sehr gut so, da es uns ermöglicht Dinge ohne nachdenken zu tun, wenn wir sie einmal erlernt haben. Ein gutes Beispiel dafür ist das Autofahren. Am Anfang müssen wir uns mit jedem einzelnen Schritt bewusst auseinandersetzen, wenn wir losfahren wollen. Haben wir dann endlich das Autofahren gelernt und sind geübte Verkehrsteilnehmer, dann setzen wir uns ins Auto und flitzen los und unsere (bewussten) Gedanken sind schon bei anderen Dingen. Beispielsweise sind wir gedanklich schon im Büro oder denken über ein Thema nach, was uns gerade sehr beschäftigt.

Ein großer Teil unserer täglichen Gedanken sind damit flüchtige Gedanken, die Wiederholungen beinhalten. Man schätzt diesen Anteil auf ca. 72 Prozent. Ca. 25 Prozent unseres Denkens sind destruktive Gedanken, die Ihnen und anderen schaden!

Lediglich ca 3 Prozent unserer Gedanken sind hilfreiche und positive Gedanken.

Die überwiegend negative Ausrichtung unserer nicht flüchtigen Gedanken und Wiederholungen lassen sich aus unserer Evolution erklären. Zu Beginn der Menschheit war das Leben buchstäblich lebensgefährlich. Wenn alle gemütlich beim Essen zusammen hockten, mussten alle Sinne geschärft sein, da ja ein Säbeltiger um die Ecke kommen könnte. Und da war dann entweder Flucht oder Kampf angesagt. Die Erwartungen, dass jederzeit etwas Schlimmes passieren könnte, war damit überlebenswichtig. Dieser uralte Mechanismus wirkt immer noch im modernen Menschen, obwohl wir heute keinen Säbelzahntiger mehr haben. Das hat aber zur Folge, dass die Programmierung unseres Gehirns immer noch überwiegend auf die alten und damals überlebenswichtigen negativen Gedanken geprägt ist. Wäre damals nicht die jederzeitige Ausrichtung der Gedanken die Angst vor dem Säbeltiger gewesen, hätte sich die Freude an der Mahlzeit ganz schnell umgekehrt: Der Säbelzahntiger hätte sich sehr über die schnelle Beute des leckeren und zarten Menschleins gefreut, das so unbedarft und entspannt seine Mahlzeit genossen hat und ihn nicht hat kommen gesehen hat.

Was bedeutet das aber für uns heute?

Nun, zunächst einmal denke ich, ist es wichtig, sich einmal die oben genannten Fakten vor Augen zu führen. Daran kann man klar erkennen, wie wichtig es ist, sorgfältig mit den Informationen umzugehen, die man auf sich einprasseln lässt. Diese wirken ja auch im Untergrund weiter. Zunächst einmal ist es hilfreich, sich anzuschauen, welchen Reizen man ausgesetzt ist.

Läuft ständig der Fernseher, schaue ich dreimal täglich Nachrichten, höre ich immer Radio, hänge ich ständig am PC und am Handy? Falls ja, nehme ich bewusst und unbewusst eine schier unfassbare Fülle an (meist negativen) Informationen auf, die mein Denken beeinflussen. Nachrichten haben den Charakter, dass sie fast immer nur negative Aussagen haben.

Warum das so ist, kann man nachlesen: Quelle: Warum schlechte Nachrichten in den Medien dominieren (rnd. de), 29.05.2022:

„Schlechte Nachrichten rufen bei Menschen tendenziell stärkere Reaktionen hervor als gute Nachrichten. Dieser Effekt tritt einer Studie zufolge kulturübergreifend bei Bevölkerungen weltweit auf – aber nicht bei allen Menschen. Das berichtet ein internationales Forscherteam nach Versuchen in 17 Ländern in den „Proceedings" (PNAS) der US-amerikanischen Nationalen Akademie der Wissenschaften. Ein unabhängiger Experte hält die Resultate zwar für plausibel, weist aber auf methodische Mängel der Untersuchung hin.

Schlechte Nachrichten erzeugen starke Aufmerksamkeit

In Nachrichten erscheint die Welt oft als schrecklicher Ort, denn negative Meldungen dominieren die Berichterstattung von Medien. „Die Bedeutung negativer Haltungen für Nachrichten ist relativ klar", schreibt das Team um den Kommunikationsforscher Stuart Soroka von der University of Michigan in Ann Arbor. Dies beeinflusse sowohl die Auswahl der Themen als auch die Produktion von Nachrichten. Grundsätzlich spiele die nachrichtliche Berichterstattung für Demokratien eine zentrale Rolle, betonen die Wissenschaftler. Es gehöre zur Aufgabe von Journalisten, über Konflikte wie auch über Missstände zu berichten. Allerdings könne die Dominanz schlechter Nachrichten bei Bürgern zu Apathie und Abwendung führen.

Das Übergewicht negativer Themen sei erklärungsbedürftig, betonen die Forscher und verweisen auf verschiedene Erklärungen für das Phänomen. Demnach betonen vor allem Evolutionsbiologen, dass negative Informationen generell auf mögliche Gefahren hinweisen können und daher besonders stark Aufmerksamkeit erzeugen. Kulturpsychologen konzentrieren sich dagegen eher auf mögliche kulturelle Unterschiede in der Berichterstattung in verschiedenen Ländern wie etwa den USA oder Japan."

Soweit also dieser Erklärungsansatz. Wie auch immer man dies für sich beurteilen mag, ist es jedoch klargeworden, dass die negative Besetzung von Nachrichten dominant ist. Und das, was wir aufnehmen, prägt unser Denken und Handeln. Als ich mir dies bewusst gemacht habe, war mir klar, warum es so wichtig ist, sein Denken positiv auszurichten und das es meinerseits ein bewusstes Handeln erfordert.

Zunächst einmal habe ich meinen Medienkonsum überdacht. Ich habe den Konsum von Nachrichten deutlich eingeschränkt und schaue/höre sie bewusst nur maximal einmal pro Tag, eher weniger. Keine Angst, Sie bekommen das Wesentliche auch mit, wenn Sie nicht ständig mit dem Ohr an einem Gerät hocken. Als nächstes habe ich mir bewusst! in meinem Tag Zeit für gute Gedanken eingeplant. Ich nehme mir die Zeit, mich ganz intensiv mit Dingen auseinander zusetzten, die mir Freude und gute Gefühle vermitteln.

Aus meiner Sicht ist das ganz gezielte Auseinandersetzen mit diesem Thema sehr wichtig. Nehmen wir an, Sie sind schon lange krank und haben das Gefühl, in Ihrer Krankheit nicht wirklich weiter zu kommen. Was machen dann sehr viele? Sie sitzen vorm PC, befragen Dr. Google und co, versuchen neue Studienergebnisse zu finden, lesen Gesundheitsblogs etc.

Das ist ein absolut nachvollziehbares Verhalten, hat jedoch einen ganz entschiedenen Nachteil: Wenn Sie sich intensiv mit Krankheit beschäftigen, denken Sie sich in gewisser Weise „krank". Das heißt, Sie spuren Ihr Gehirn auf Krankheit ein. Dessen sollten Sie sich Bewusst werden und es stellt sich die Frage, ob eine solche Vorgehensweise im Ergebnis dazu führt, dass Sie gesunden können? Ich meine eher nicht.

Doch was passiert dann genau im Gehirn? Wie funktioniert die Immunsteuerung?

Mit diesen Fragen beschäftigt sich die Psychoneuroimmunologie. Dazu gibt es tolle Beiträge und Informationen. Man erfährt dort, wie Gefühle das Immunsystem beeinflussen und was im Gehirn passiert. Jeder Gedanke, der passiert, hinterlässt Spuren im Gehirn und führt dazu, dass sich Synapsen (Verknüpfungen) im Gehirn bilden oder auch lösen können. Aus diesem Grund ist die Macht der Gedanken so wirkungsvoll. Das Gehirn ist kein starres Gebilde sondern in der Lage, sich umzubauen. Diesen Vorgang nennt man Neuroplastizität. Mit dessen Hilfe ist es möglich, dass Veränderungen geschehen.

Das Wissen um diese Vorgänge macht es möglich, das Immunsystem zu beeinflussen und positiv zu verändern. Hierzu gibt es auch mittlerweile gute Programme und Therapeuten, wo man genau dies erlernen kann. Wie wir auch schon zu Beginn im Kapitel über das Immunsystem gelernt haben, ist dies ebenfalls kein starres Gebilde, sondern in der Lage sich zu verändern. Dies ist ein sehr ermutigender Gedanke, wie ich finde.

Fazit: Durch unser bewusstes Denken können wir unser Immunsystem beeinflussen

„Wir sind, was wir denken. Alles, was wir sind, entsteht aus unseren Gedanken. Mit unseren Gedanken formen wir die Welt." Buddha

Kapitel 13: Achtsamkeit

„Achtsamkeit (englisch mindfulness) bezeichnet einen Zustand von Geistesgegenwart, in dem ein Mensch hellwach die gegenwärtige Verfasstheit seiner direkten Umwelt, seines Körpers und seines Gemüts erfährt, ohne von Gedankenströmen, Erinnerungen, Phantasien oder starken Emotionen abgelenkt zu sein, ohne darüber nachzudenken oder diese Wahrnehmungen zu bewerten.

Achtsamkeit kann demnach als Form der Aufmerksamkeit im Zusammenhang mit einem besonderen Wahrnehmungs- und Bewusstseinszustand verstanden werden, als spezielle Persönlichkeitseigenschaft sowie als Methode zur Verminderung von Leiden (im weitesten Sinne).

Historisch betrachtet ist „Achtsamkeit" vor allem in der buddhistischen Lehre und Meditationspraxis zu finden. In der westlichen Kultur ist das Üben von „Achtsamkeit" insbesondere durch den Einsatz im Rahmen verschiedener Psychotherapiemethoden bekannt geworden.[1] Der Begriff Achtsamkeit wird außerdem im Rahmen der Care-Ethik für eine Praxis der Zuwendung verwendet. *Quelle: Achtsamkeit (mindfulness) – Wikipedia, Stand 29.05.2022*

Ich muss ehrlich gestehen, dass ich mich mit diesem Kapitel ein wenig schwertue, gleichwohl ist mir dieses Thema ein großes Anliegen. Deshalb habe ich Ihnen oben eine Zusammenfassung des ziemlich umfangreichen Kapitels über Achtsamkeit eingefügt. Bei Interesse lesen Sie gerne mehr dazu.

Warum ist mir Achtsamkeit so wichtig? Nun, ich denke, ohne Achtsamkeit kann Heilung und Besserung auf langer Strecke nicht gelingen. Im vorigen Kapitel geht es um die Macht der Gedanken. Zusammen mit diesem Kapitel wird sich Ihnen hoffentlich die Sinnhaftigkeit von Achtsamkeit und positivem Denken erschließen.

Achtsamkeit ist zum Beispiel ein starker Wirkfaktor beim Waldbaden. Wenn ich dort Achtsamkeitsübungen mache, verstärkt dies die positiven Effekte des Waldbadens. Achtsam sein bedeutet, ich nehme wahr, was ist, ohne es zu bewerten. Diese fehlende Bewertung fällt vielen Menschen schwer, da wir es gewohnt sind, die Dinge automatisch zu bewerten. Wir nehmen etwas auf und bewerten es automatisch als neutral, positiv oder negativ. Die fehlende Bewertung hilft uns dabei, die Dinge mit einem gewissen Abstand zu betrachten und aus diesem Abstand eine neue Sicht entwickeln zu können.

Achtsamkeitsübungen können sehr gut bei der Bewältigung von chronischen Schmerzen eingesetzt werden. In Kursen zur Achtsamkeitsbasierter Stressreduktion kann man diese Techniken erlernen. Fragen Sie doch einmal bei Ihrer Krankenkasse nach. Besonders wirkungsvoll scheinen die Einsatzgebiete bei Fibromyalgie, chronischen Schmerzen, Rheuma, Arthrosen und schmerzbedingten Depressionen zu sein.

Dankbarkeit und Achtsamkeit sind eng miteinander verknüpft. Dankbarkeit ist ein positiver Gedanke oder eine Haltung mit Blick auf die Dinge, die gut sind. Hierzu gibt es mittlerweile einige Studien, die sich mit den positiven Auswirkungen von Dankbarkeit beschäftigen. Um die positiven Auswirkungen von Dankbarkeit zu spüren, bedeutet dieses, dass Sie sich dankbar fühlen müssen und sich nicht nur dankbar denken müssen. Konkret heißt das, es reicht nicht aus, zu denken, dass es doch schön war, dass der Lieblingsnachbar Ihnen heute ein Stück Ihres Lieblingskuchens unerwartet vorbeigebracht hat, sondern Sie müssen die Überraschung fühlen, den Geruch erinnern und den Geschmack, als Sie den ersten Bissen des köstlichen Kuchens in den Mund geschoben haben und die Freude über das unerwartete Geschenk. Das Fühlen verändert die Struktur im Gehirn gemeinsam mit dem Denken! Sie können diesen Prozess unterstützen, indem Sie bei der Erinnerung lächeln. Die Aktivierung Ihrer Gesichtsmuskeln durch das Lächeln stimuliert den Vagusnerv und dessen Bedeutung haben Sie ja schon kennengelernt. Den Effekt der Dankbarkeit können Sie übrigens erweitern, in dem Sie selbst aktiv werden und anderen Menschen eine (unerwartete) Freude bereiten. Die Erinnerung daran erfüllt Sie, schenkt Ihnen ein Lächeln und eine Fülle an positiven Emotionen. Damit haben Sie gleich zwei Fliegen mit einer Klappe geschlagen: Sie haben einem anderen Menschen und gleichzeitig sich selbst etwas Gutes getan, was positive Veränderungen bei Ihnen beiden hinterlassen kann.

Abb. 11

Dankbarkeit basiert auf Achtsamkeit und ist in letzter Zeit in aller Munde. Es scheint so ein bisschen zu einem Modethema geworden zu sein und es gibt eine Fülle von Veröffentlichungen und Materialien, wie zum Beispiel Dankbarkeitstagebüchern hierzu.

Doch was verändert sich, wenn ich dankbar bin?

Dankbarkeit lenkt den Fokus auf die positiven Dinge in unserem Leben. Es nimmt die Aufmerksamkeit weg von Dingen, die nicht gut sind. Es hilft uns:

• Glücklicher zu sein

• Unseren Focus in Richtung Positivität zu verschieben

• Weniger Stressanfällig zu sein

• Negative Gefühle zu verringern

• Weniger Angst und Panik zu spüren

• Mehr Kontrolle über unsere Gefühle zu erlangen

• Uns weniger durch den Alltag belastet zu fühlen

• Den Blick auf die Dinge zu lenken, die wir machen können und nicht auf das, was wir nicht mehr können

• Den Schlaf zu verbessern

• Unsere mentale Gesundheit und die Herzgesundheit zu stärken

• Insgesamt gesünder zu werden

Die obige Aufzählung ist nicht abschließend, sondern nur beispielhaft aufgezeigt.

Ich nehme mir jeden Abend vor dem Einschlafen und nach Möglichkeit auch jeden Morgen nach dem Aufwachen 10 Minuten Zeit um die Dinge zu betrachten, für die ich dankbar bin. Das kann am Morgen der Gedanke sein, wie gemütlich und kuschelig es in meinem Bett ist, wie schön die Sonne durch die Ritzen der Jalousie lugt, wie gut ich in der vergangenen Nacht geschlafen habe, die flüchtige Erinnerung an den schönen Traum und und und ....

Wenn ich dann den Tag beginne, geschieht dies meist in einer anderen und positiveren Grundstimmung. Der Effekt hält häufig den ganzen Tag an.

Wie Sie also sehen, lohnt es sich, sich mit so etwas Kleinem, nach dieser genaueren Betrachtung aber wohl eher etwas Großem wie der Dankbarkeit zu beschäftigen.

Zum Schluss dieses Kapitels eine kleine Anmerkung:

Wissen Sie, dass Ihr Gehirn nicht zwischen Realität und tatsächlich Erlebtem unterscheiden kann? Ich wusste dies tatsächlich lange nicht. Das macht geführte Meditationen oder Traumreisen so wirkungsvoll. Ihrem Gehirn ist es egal, ob Sie tatsächlich am schönen Strand in der angenehm warmen Sonne liegen und der leichte Wind Sie berührt, oder Sie sich lediglich vorstellen und dabei fühlen, wie Sie am Strand liegen.

Nutzen Sie am besten täglich die Möglichkeit einer geführten Meditation oder Traumreise. Auf YouTube gibt es eine sehr große Auswahl an kostenfreien Meditationen. Hören Sie da mal rein und finden Sie Sprecher, deren Stimme, Sprechtempo und Themen Sie besonders ansprechen. Ich habe im Laufe der Zeit meine Lieblingssprecher gefunden. Auf diese Weise kann ich mich wunderbar entspannen.

Ich kann Ihnen gerade in Zeiten, in welchen es Ihnen nicht gut geht, diese geführten Meditationen unbedingt empfehlen. Sie helfen beim Entspannen und dabei, den Fokus weg von Ihren Beschwerden zu lenken. Dies empfinde ich als äußerst wirkungsvoll und hilfreich. Probieren Sie es unbedingt aus! Damit greifen Sie auf eine unbewusste, leichte und sehr angenehme Weise in die Produktion Ihrer körpereigenen Chemiefabrik ein.

Fazit: Achtsamkeit und Dankbarkeit sind wesentliche Elemente bei der körpereigenen Produktion guter Botenstoffe und können ausgleichend und entzündungshemmend wirken.

„Der Weg zu allem Großen geht durch die Stille."
Friedrich Nietzsche

Kapitel 14: Selbstheilung (Salutogenese)

Zu Beginn dieses Kapitels musste ich ein bisschen lächeln. Selbstheilung klingt für mich irgendwie so ein bisschen mystisch mit einem Hauch von Zauberei und Unglauben. Nun Spaß beiseite, so ist es natürlich nicht. Selbstheilung hat nichts mit Zauberei oder sonstigem Unfug zu tun, sondern ist eine ganz natürliche Fähigkeit unseres Körpers, uns am Leben zu halten. Ohne die Fähigkeit zur Selbstheilung würden wir sterben. Jeden Moment unseres Seins ist unser Körper damit beschäftigt: er repariert und bildet neue Zellen, andere wieder gehen in den programmierten Zelltod (Apoptose), er bekämpft Viren, Bakterien und Parasiten und noch vieles mehr. Nach einem Knochenbruch wachsen die Knochen wieder zusammen und wenn wir uns geschnitten haben, heilt die Wunde zu. Und das erstaunliche daran ist, er macht es von ganz alleine und ohne unser bewusstes Zutun. Ein Arzt kann zwar diesen Prozess unterstützen, indem er die Wunde desinfiziert, vielleicht auch näht, den Knochen richtet, vielleicht auch mit einer Schraube fixiert, oder einen Verband anlegt. Aber die Heilung übernimmt unser Körper von ganz alleine! Damit hat jeder lebende Mensch die Fähigkeit zur Selbstheilung! Das muss man sich ganz klar machen, wenn wir von Salutogenese sprechen.

Die Frage, die sich hier stellt, ist, wie man diesen Prozess unterstützen kann.

Wir haben ja schon in den vorherigen Kapiteln mittlerweile eine Menge kenngelernt, was Sie selbst unternehmen können, damit es Ihnen besser geht. Und all diese Dinge unterstützen den Prozess der Selbstheilung.

Sie können aber noch viel mehr tun, gerade dann, wenn Sie akut erkrankt sind.

Für mich ist gerade in dieser Situation das wichtigste, keine Ohnmachtsgefühle entstehen zu lassen und die Verantwortung für meinen Körper bei mir zu lassen. Also nicht so denken: mein Gott, jetzt bin ich schon wieder krank und muss das jetzt auch noch ertragen. Muss ich denn jetzt schon wieder zum Arzt und kann er mir denn helfen? Oft sind solche Gedanken sehr menschlich und nachvollziehbar, aber absolut nicht zielführend. Besser ist es, sich eine andere und heilsamere Sichtweise zuzulegen.

Das erste ist sich klarzumachen, dass man nicht hilf- und machtlos der Erkrankung ausgeliefert ist. Unser Körper verfügt jederzeit über die Fähigkeit zur Selbstheilung, warum sollte es also gerade jetzt nicht so sein? Wir können uns also überlegen, womit wir den Körper jetzt ganz gezielt unterstützten können. Zu den bereits schon bekannten Dingen können wir noch weitere Techniken und Bilder nutzen. Kreieren Sie sich ein Bild davon, wie zum Beispiel eine Putzkolonie durch Ihren Körper geht und alle Bereiche gründlich säubert und desinfiziert, um die Krankheitskeime zu entfernen. Suchen Sie sich ein Bild, das zu Ihnen und Ihrer Situation passt. Ich selbst bin immer wieder davon überrascht, wie wirkungsvoll die Methode der Selbstsuggestion ist. So oft habe ich gedacht, das kann jetzt nicht mehr klappen, die Symptome sind schon zu heftig.... Meist schlafe ich beim Durchmarsch der Putzkolonne durch meinen Körper irgendwann ein (eigentlich fast immer, bevor sie fertig ist) und wache am Morgen dann gesund und munter und verblüfft auf, dass es (wieder) funktioniert hat.

Trauen Sie sich beim nächsten Mal, das auszuprobieren. Was haben Sie zu verlieren? Natürlich gehören lebensbedrohliche Zustände und ernsthafte Erkrankungen unbedingt und sofort in die Hände von Spezialisten! Bei allem anderen machen Sie sich zu Partnern Ihrer Gesundheit und behalten die Verantwortung für Ihr Wohlergehen bei sich. Gehen Sie eine Partnerschaft mit Ihren Ärzten und Therapeuten ein und machen diese zu Ihren Unterstützern. SIE sind für Ihre Gesundheit verantwortlich und nicht Ihre Ärzte und Therapeuten!

Abb. 12

„Es will mir scheinen, als ob ein Kranker leichtsinniger sei, wenn er einen Arzt hat, als wenn er selber seine Gesundheit besorgt." Friedrich Nietzsche

Kapitel 15: Ergebnisse aus der Altersforschung

Altern und Krankheit hängen irgendwie zusammen, so hat man den Eindruck. Und tatsächlich ist das häufig auch so. Aber es ist bei weitem nicht bei jedem und zwangsweise so. Schauen wir doch mal, was die aktuelle Altersforschung dazu sagt.

Bis vor einigen Jahren ging man davon aus, dass die Gene ungefähr die Hälfte darüber bestimmen, wie gesund man im Alter lebt. Mittlerweile schrumpft der Anteil der Gene, die man dafür verantwortlich gemacht hat, auf weit unter 50 Prozent. Das heißt, der weit überlegene Anteil liegt in unserer Hand und wird durch die sogenannten Lebensstilfaktoren gesteuert.

Diese sind:

•   Sportliche Betätigung

•   Gesundes Essen

•   Geistige und körperliche Fitness

•   Erlernen von neuen Dingen

•   Einbindung in soziale Beziehungssysteme

•   Sich um andere kümmern

•   Keinen oder nur wenig Alkohol

•   Nicht rauchen

•   Möglichst wenige Medikamente

Wie Sie unschwer erkennen können, haben wir viele Dinge vorher in diesem Buch schon betrachtet. Nicht

die Genetik, sondern die Epigenetik (=an- und aus-
schalten unserer Gene) bestimmen häufig darüber, wie
es uns geht. Die Epigenetik ist ganz entscheidend davon
abhängig, welche Entscheidungen wir im Alltag tref-
fen. Auch hieran können wir wieder klar erkennen, wie
unsere Entscheidungen unser Wohlgefühl beeinflussen.

Vergessen Sie jedoch nie: es ist niemals zu spät für Veränderungen. Egal wie alt oder krank Sie sind, Sie haben

Abb. 13

es immer noch in der Hand, das Ruder herumzureißen!
Auch scheinbar noch so kleine Veränderungen können
Großes bewirken und jeder noch so lange Weg beginnt
mit dem ersten Schritt!

*„Niemand wird alt, wenn er nur eine bestimmte
Anzahl von Jahren lebt. Wir werden alt, wenn wir
unsere Ideale aufgeben. Die Jahre mögen die Haut
runzlig machen, aber den Enthusiasmus aufzuge-
ben, runzelt die Seele."* Samuel Ullmann

Kapitel 16: Mensch und Umwelt

Der große Arzt, Chemiker, Bakteriologe und Biologe Louis Pasteur vertrat im 19. Jahrhundert die Auffassung: der Keim ist alles, das Milieu ist nichts. Diese Auffassung teilte im wesentlichen auch Robert Koch, der ebenfalls der Meinung war, Viren und Bakterien bestimmen darüber, ob und wie krank wir werden.

Von Claude Bernard (1813–1878) stammt das Zitat: *„Der Keim ist nichts, das Milieu ist alles."*

Damit stand er in erbittertem Widerstand zu den Ansichten von Pasteur und Koch und es führte zu heftigen wissenschaftlichen Diskussionen.

Bernard war der Ansicht, dass in einem gesunden Körpermilieu schädliche Erreger keine Chance haben, sich so zu vermehren, dass Krankheit entstehen kann.

Doch was hat dieser auf wissenschaftlicher Ebene geführte Streit denn mit uns und unserer Situation zu tun und was können wir daraus lernen?

Nun, ich meine eine ganz Menge. Schauen wir uns einfach nur die vergangen 50 bis 100 Jahre an. In dieser Zeit ist der technische Fortschritt rasant gewachsen. Wir nutzen heute Technologien, von denen vor 100 Jahren niemand gewagt hätte zu träumen.

Unsere Umwelt hat sich gravierend verändert, wir essen heute ganz anders als noch vor wenigen Jahren. Die Veränderungen in den Produktionsabläufen, die rasante Zunahme unseres Wissens mit der stetigen Verdopplung des Wissens der Welt innerhalb immer kürzerer Zeit, die Umweltverschmutzungen, die globalen Katastrophen und die Auswirkungen der Globalisierung verändern nicht nur unser Lebensumfeld, sondern uns als individuelle Lebenswesen auf eine ganz direkte Art und Weise.

Zuvor hat es viele dieser Veränderungen auch gegeben. Aber in sehr viel langsamerer Form und in einem erheblich längeren Zeitabstand. Dadurch wurde die menschliche Anpassungsfähigkeit nicht so gefordert und auch überfordert, wie es in den vergangenen 100 Jahren der Fall war. Wir haben heute gar keine Zeit mehr, uns in Ruhe anzupassen, sondern sind ständig und immerzu neuen Produkten, Erkenntnissen, Katastrophen, neuen Lebensmitteln etc. ausgesetzt. Und das mittlerweile 24/7.

Das Tragische daran ist aus meiner Sicht, dass wir keine Ruhe, kaum noch eine Chance zur Regeneration finden, da es faktisch kaum bis keine Ruhephasen mehr gibt. Alles scheint jederzeit verfügbar und möglich zu sein. Ständig sind wir dem Druck ausgesetzt, Neues zu lernen, Neues zu konsumieren, nach dem Motto: immer höher, immer schneller, immer weiter. Das strapaziert meines Erachtens die menschliche Anpassungsfähig weit über ein erträgliches Maß hinaus. Damit einher geht der Verlust des Bezuges zur Natur und unserem Lebensraum. Es scheint sich ein Denken breit zu machen, was den Menschen zu einem allmächtigen, über alles beherrschende und bestimmende Wesen erhebt. Das diese Allmacht nicht vorhanden ist, merken wir spätestens dann, wenn sich Krankheit einstellt und wir einfach nicht mehr gesund werden, obwohl wir alles dafür unternehmen. Dann merken wir, dass wir uns in unserer Welt nicht mehr zurechtfinden und fühlen uns nicht mehr als ein Teil davon.

Ich persönlich bin zutiefst davon überzeugt, dass, wenn uns dieser Bezug verloren geht, wir in Krisen keinen

Halt mehr finden können. Wir verlieren elementares Wissen über die Kraft der Natur, die in und um uns ist und in jedem von uns steckt. Dieses fehlende Wissen führt dazu, dass wir das Vertrauen in uns selbst verlieren und uns haltlos, überfordert und ohnmächtig fühlen, wenn wir von „draußen" keine Hilfe und Unterstützung finden (können). Unter diesem Aspekt ist es kein Zufall, dass die Nachfrage nach alternativen Heilmethoden, spirituellen Themen, Selbsthilfe etc. in den letzten Jahren sprunghaft angestiegen ist.

Wie können wir dem begegnen? Was können wir tun, um dieser Entfremdung entgegen zu treten?

Zunächst einmal ist es meiner Meinung nach wichtig, sich klarzumachen, dass wir nicht über den Dingen stehen, sondern Teil davon sind. Schauen wir in die Natur und sehen, wie kraftvoll und zu welchen Dingen sie fähig ist. Diese Fähigkeit tragen wir auch in uns und können sie mit dem richtigen Wissen und dem entsprechenden Bewusstsein nutzen! Nehmen wir die Dinge, die unser Leben betreffen, verantwortlich in unsere eigenen Hände und geben Sie diese nicht an andere ab. SIE sind in erster Linie für Ihr Leben und Ihre Entscheidungen verantwortlich. Überlegen Sie sich, wie Sie sich Ihr Umfeld gestalten möchten und was für Sie wirklich wichtig ist. Dazu gehört, dass Sie auf Ihre Ernährung achten, sich bewegen, achtsam und dankbar durchs Leben gehen, Ihre Beziehungen betrachten (empfinde ich sie als bereichernd und erfüllend, oder belasten sie mich?), für eine gute Schlafhygiene sorgen, die Zeichen Ihres Körpers kennenlernen und noch vieles mehr.

Ich stimme Claude Bernard aus tiefstem Herzen zu, in dem er sagt: „der Keim ist nichts, das Milieu ist alles". Krankheit kann nur auf dem Boden gedeihen, der vorbereitet ist. Bitte prüfen Sie einmal für sich ganz alleine und in ruhiger Stunde, inwieweit das auf Sie zutrifft? Ich denke, Sie werden einiges entdecken....

Das tröstliche daran ist, dass es nie zu spät ist, Dinge zu ändern.

Abb. 14

Nun sind wir fast am Ende des Buches angelangt. Ich hoffe, ich konnte Ihnen auf dem Weg hierhin einige Anregungen geben und Zusammenhänge aufzeigen. Vielleicht ist es Ihnen möglich, wenn Sie das Haus verlassen, Ihren eigenen Arzt wie selbstverständlich in Ihre Tasche zu packen, so dass Sie ihn immer und jederzeit dabeihaben.

Fazit: Wir bereiten mit unseren täglichen Entscheidungen den Boden für die Dinge, die wir einigen Tages ernten werden!

„Die größte Entscheidung deines Lebens liegt darin, dass du dein Leben ändern kannst, indem du deine Geisteshaltung änderst." Albert Einstein

Kapitel 17: Hilfreiche Tipps

Zum Abschluss dieses Buches möchte ich Ihnen gerne noch einige Tipps mitgeben, die Ihnen helfen können:

- Strukturieren Sie bewusst Ihren Tag

- Planen Sie die tägliche Trinkmenge und stellen Sie bereit

- Halten Sie, wenn es möglich ist, einen festen Tagesrhythmus ein und essen und schlafen Sie zu gleichen Zeiten

- Erstellen Sie einen Wochenplan über Mahlzeiten und Aktivitäten und planen Sie dementsprechend. Das erleichtert die Durchführung gerade auch an Tagen, wenn es einem nicht gut geht

- Nutzen Sie für den täglichen Einkauf einen Saisonkalender, der Ihnen schnell und unkompliziert Auskunft darüber gibt, welche Gemüse und welches Obst gerade Saison haben

- Kartoffeln, Nudeln und Reis kann man in größeren Portionen kochen und dann am Folgetag für ein anderes Gericht verwenden. Durch das abkühlen der gekochten Produkte entsteht resistente Stärke. Diese ist ein hervorragendes Futter für Ihre guten Darmbakterien. Zudem wird Zeit bei der Zubereitung der nächsten Mahlzeit gespart und die Nahrungsmittel liefern weniger Kalorien als die frischgekochten Varianten

- Planen Sie regelmäßige Pausen und Auszeiten ein

- Planen Sie Sport und Aktivitäten ein

- Planen Sie in jedem Tag bewusst Zeit für etwas Schönes ein auch wenn es nur wenige Minuten sind

- Schauen Sie sich in Ihrem Umfeld um und fragen sich, ob Sie all dies brauchen? Das gilt gleichermaßen für Gegenstände und Beziehungen. All dies fordert Kraft und Aufmerksamkeit, es will gesehen und gepflegt werden. Fragen Sie sich, ob es Ihnen das Wert ist und Kraft und Freude gibt.

- Entrümpeln Sie regelmäßig Ihre Wohnung. Dies schafft Freiräume und Platz für Neues, vielleicht für Kreativität?

- Gehen Sie täglich in die Natur und nehmen diese bewusst wahr. Das stärkt die Abwehrkräfte und erdet ungemein

- Wenn Sie chronisch krank sind, suchen Sie sich eine Selbsthilfegruppe und tauschen sich mit Gleichgesinnten aus. Dort erhält man Verständnis, neue Erkenntnisse und gute Tipps, den Alltag zu erleichtern.

- Führen Sie eine Patientenakte, in der Sie chronologisch und sortiert nach Fachgebieten Ihre Befunde sammeln. Fragen Sie bei Ihrer Selbsthilfevereinigung nach, ob Sie über die eine Patientenakte bekommen können. Lassen Sie sich immer eine Kopie Ihrer Befunde geben.

- Trauen Sie sich, Fragen zu stellen, wenn Sie etwas nicht verstanden haben

- Hinterfragen Sie Anordnungen, wenn Sie sich damit nicht wohl fühlen und fragen nach Alternativen

- Vergessen Sie nie, dass Sie Ihren inneren Arzt immer und jederzeit bei sich haben!

- Und zum Schluss: Vertrauen Sie sich selbst und Ihrem Bauchgefühl. Dieses sagt Ihnen das für Sie richtige. Sie müssen nur lernen, auf es zu hören.

Danksagung

Dieses Buch ist nur möglich geworden, durch Menschen, die mich in meinem Vorhaben unterstützt haben. Ihnen möchte ich gerne für ihre Ideen und ihre tatkräftige Unterstützung danken.

Ohne sie wäre mein Traum nicht Realität geworden.

Als erstes möchte ich gerne meinem Lebensgefährten danken: lieber Rudi, ohne deinen unerschütterlichen Glauben an mich und deine tägliche Unterstützung hätte ich mich gar nicht erst ans Werk gemacht. Auch danke ich dir für dein Essen, das du für mich zubereitet hast, wenn ich mal wieder am Schreibtisch versunken bin.

Liebe Louisa, Hannah und Lisa: Ihr seid die besten Töchter, die man sich vorstellen kann. Gleichzeitig seid ihr auch meine besten (und härtesten :-)) Kritiker und der Grund, warum ich mich angestrengt habe und es gut machen wollte.

Elisabeth und Antje: Ich danke euch für eure Zeit, eure Ideen und das ihr jederzeit ein offenes Ohr für mich hattet. Ihr habt so wertvolle Impulse und konstruktive Kritik geleistet und es ist eine Freude, mit euch gemeinsam Projekte für den Mastozytose e. V. voran zu bringen. Antje, du und dein Team von TRITUM habt für die tolle Gestaltung des Buches gesorgt.

Liebe Cordula, lieber Peter, lieber Timo: Ihr gehört ebenfalls zum Team des Mastozytose e. V. und seid auch mit ein Grund, warum ich meine Passion in der Selbsthilfe gefunden habe. Durch das Engagement in der Selbsthilfe konnte ich selbst ein Stück weit „heilen" und habe meinen Weg zurück in ein (wieder) lebenswertes Leben gefunden. Daran habt ihr einen großen Anteil.

Liebe Margret, meine kleine Schwester: Dein Feedback war mir sehr wichtig und es ist schön, dass du mich ebenfalls in meinem Vorhaben bestärkt hast.

Steffi und Lucy, meine besten und ältesten Freundinnen: euer Angebot und eure Bereitschaft, mich zu unterstützen und mein Manuskript zu lesen, weiß ich zu schätzen. Liebe Steffi, danke, dass du bis zum Schluss durchgehalten hast, auch wenn du die Zitate nicht so magst. Eure Sichtweise weiß ich zu schätzen und eure Meinung ist mir sehr wichtig.

Marcus, bester Nachbar, Hundesitter und Bäcker: ohne dich wäre ich nicht so schnell fertig geworden. Du hast mich oft gerettet, indem du dir die Leine geschnappt und

Abb. 16

die Hunderunde übernommen hast, so dass ich weiter am Schreibtisch sitzen konnte. Und deine Kuchen haben mich dann mit der nötigen Energie versorgt. Deine für mich legendäre Fürst-Pückler-Torte hat mir quasi den Turbo zum Schreiben verpasst.

Aber am wichtigsten sind die Menschen, für die ich das Buch geschrieben habe: die vielen Ratsuchenden, die mich immer wieder gebeten haben, die Themen in diesem Buch aufzuschreiben. Ihnen gebührt der Dank dafür, dass ich die Idee auch tatsächlich umgesetzt habe.

Sollte ich jemanden vergessen haben, der mich unterstützt und inspiriert hat, so bitte ich dies zu entschuldigen. Dies ist keine Absicht.

Über die Autorin

Darf ich mich Ihnen zum Schluss noch kurz vorstellen? Ich bin Jahrgang 1963 und lebe in einer glücklichen Beziehung. Wir haben 3 wundervolle Töchter in jungem Erwachsenenalter. Meine Familie, meine Freunde, sowie viele Menschen, die ich im Rahmen meiner ehrenamtlichen Tätigkeit für den Mastozytose e. V. beraten habe, haben mich ermutigt, mein Herzensprojekt umzusetzen und dieses Buch zu schreiben. Dieses Buch ist mir insofern sehr wichtig, als das ich hoffe, Menschen, die krank sind und sich ohnmächtig ihren Einschränkungen ausgeliefert fühlen, eine Perspektive bieten zu können. Die Botschaft ist: Sie sind nicht machtlos, sondern haben ganz viele Kompetenzen, die Sie mit dem richtigen Wissen nutzen und umsetzen können! Selbstwirksames Handeln und das richtige Wissen kann Sie befähigen, Ihren inneren Arzt und Ihre Selbstheilungskräfte zu aktivieren. Seit 2012 berate ich Betroffene und Angehörige, die sich an uns wenden. In den mittlerweile vielen hundert Gesprächen habe ich immer wieder festgestellt, wie wichtig dies ist und was sich für die Betroffenen und auch die Angehörigen ändert, wenn erkannt wird, dass sie selbst etwas tun können. Nichts ist so schlimm, wie die Gefühle von Ausgeliefertsein und Machtlosigkeit.

Deshalb denken Sie daran: Sie selbst haben Ihren eigenen Arzt in der Tasche und das immer und jederzeit! Seitdem ich dieses Wissen für mich entdeckt habe, ist es mir möglich, mit meinen Einschränkungen besser leben zu können.

Das Wissen in diesem Buch habe ich mir über einen längeren Zeitraum zusammengetragen. Vorher ist mir aufgefallen, dass es zwar viel und tiefes Wissen zu den einzelnen Themenbereichen gibt, ich aber nichts gefunden habe, was mir in der Breite die verschiedenen Themenbereiche aufgezeigt hätte. So ist die Idee zu diesem Buch entstanden.

Dennoch auch an dieser Stelle der wichtige Hinweis und Haftungsausschluss: Ich habe dieses Buch nach bestem Wissen und Gewissen geschrieben. Krankheiten gehören immer in die Hände von Ärzten. Scheuen Sie sich nicht, ärztlichen Rat einzuholen und fragen Sie nach, wenn Sie etwas nicht verstehen. Sehen Sie dieses Buch als Ergänzung an.

In diesem Sinne wünsche ich Ihnen beste Gesundheit und dass Sie dieses Buch so wenig wie möglich (am besten gar nicht) nutzen müssen, weil Sie sich bester Gesundheit und Wohlbefinden erfreuen. Sollten Sie es aber dennoch zur Hand nehmen, wünsche ich Ihnen Zuversicht und schnelle Besserung Ihrer Beschwerden.

Ihre

Waltraud Schinhofen

Abbildungsverzeichnis

Abb. 1: @pch.vector/freepik

Abb. 2: @pch.vector/freepik

Abb. 3: @pch.vector/freepik

Abb. 4: @pch.vector/freepik

Abb. 5: Mastozytose e. V.

Abb. 6: @pch.vector/freepik

Abb. 7 @redgreystock/freepik

Abb. 8: @pch.vector/freepik

Abb. 9 @pch.vector/freepik

Abb. 10 @pch.vector/freepik

Abb. 11: @pch.vector/freepik

Abb. 12: @pch.vector/freepik

Abb. 13: @pch.vector/freepik

Abb. 14 @pch.vector/freepik

Abb. 15: @pch.vector/freepik

Abb. 16: @pch.vector/freepik